January 18, 1999

What do I consider my most important Contributions?

- That I early on—almost sixty years ago—realized that MANAGEMENT has become the constitutive organ and function of the <u>Society of Organizations</u>;

- That MANAGEMENT is not "Business Management- though it first attained attention in business- but the governing organ of ALL institutions of Modern Society;

- That I established the study of MANAGEMENT as a DISCIPLINE in its own right; and

- That I focused this discipline on People and Power; on Values; Structure and Constitution; AND ABOVE ALL ON RESPONSIBILITIES- that is focused the <u>Discipline of Management</u> on Management as a truly LIBERAL ART.

Peter F. Drucker

我认为我最重要的贡献是什么？

- 早在60年前，我就认识到管理已经成为组织社会的基本器官和功能；
- 管理不仅是"企业管理"，而且是所有现代社会机构的管理器官，尽管管理最初侧重于企业管理；
- 我创建了管理这门独立的学科；
- 我围绕着人与权力、价值观、结构和方式来研究这一学科，尤其是围绕着责任。管理学科是把管理当作一门真正的人文艺术。

彼得·德鲁克
1999年1月18日

注：资料原件打印在德鲁克先生的私人信笺上，并有德鲁克先生亲笔签名，现藏于美国德鲁克档案馆。为纪念德鲁克先生，本书特收录这一珍贵资料。本资料由德鲁克管理学专家那国毅教授提供。

彼得·德鲁克和妻子多丽丝·德鲁克

德鲁克妻子多丽丝寄语中国读者

在此谨向广大的中国读者致以我诚挚的问候。本丛书深入介绍了德鲁克在管理领域方面的多种理念和见解。我相信他的管理思想得以在中国广泛应用,将有赖于出版及持续的教育工作,从而令更多人受惠于他的馈赠。

盼望本丛书可以激发各位对构建一个令人憧憬的美好社会的希望,并推动大家在这一过程中积极发挥领导作用,他的在天之灵定会备感欣慰。

注:本页照片和多丽丝寄语原文与亲笔签名由北京光华博雅管理研修学院提供。

技术与管理

[美] 彼得·德鲁克 著

慈玉鹏 译

Technology,
Management and Society

彼得·德鲁克全集

图书在版编目（CIP）数据

技术与管理 /（美）彼得·德鲁克（Peter F. Drucker）著；慈玉鹏译 . —北京：机械工业出版社，2020.7（2023.12 重印）

（彼得·德鲁克全集）

书名原文：Technology, Management, and Society

ISBN 978-7-111-65834-4

I. 技… II. ①彼… ②慈… III. 技术管理 – 文集 IV. F204-53

中国版本图书馆 CIP 数据核字（2020）第 097958 号

北京市版权局著作权合同登记　图字：01-2020-2448 号。

Peter F. Drucker. Technology, Management, and Society.

Copyright © 2011 Harvard Business School Publishing Corporation.

Published by arrangement with Harvard Business School Press.

Simplified Chinese Translation Copyright © 2020 by China Machine Press. This edition is authorized for sale in the Chinese mainland (excluding Hong Kong SAR, Macao SAR and Taiwan).

No part of this book may be reproduced or transmitted in any form or by any means, electronic or mechanical, including photocopying, recording or any information storage and retrieval system, without permission, in writing, from the publisher.

All rights reserved.

本书中文简体字版由 Harvard Business School Press 授权机械工业出版社在中国大陆地区（不包括香港、澳门特别行政区及台湾地区）独家出版发行。未经出版者书面许可，不得以任何方式抄袭、复制或节录本书中的任何部分。

本书两面插页所用资料由彼得·德鲁克管理学院和那国毅教授提供。封面中签名摘自德鲁克先生为彼得·德鲁克管理学院的题词。

技术与管理

出版发行：机械工业出版社（北京市西城区百万庄大街 22 号　邮政编码：100037）

责任编辑：黄姗姗　　　　　　　　　　　　责任校对：李秋荣

印　　刷：固安县铭成印刷有限公司　　　　版　　次：2023 年 12 月第 1 版第 2 次印刷

开　　本：170mm×230mm　1/16　　　　　印　　张：13.75

书　　号：ISBN 978-7-111-65834-4　　　　定　　价：79.00 元

客服电话：(010) 88361066　68326294

版权所有·侵权必究
封底无防伪标均为盗版

　　如果您喜欢彼得·德鲁克（Peter F. Drucker）或者他的书籍，那么请您尊重德鲁克。不要购买盗版图书，以及以德鲁克名义编纂的伪书。

| 目 录 |

推荐序一（邵明路）
推荐序二（赵曙明）
推荐序三（珍妮·达罗克）
前言

第1章　信息、沟通与理解　/1
　　　　已知的知识　/5

第2章　管理的新角色　/23
　　　　新假设　/30
　　　　注释　/38

第3章　工作与工具　/40
　　　　注释　/50

第 4 章　20 世纪的技术发展趋势　/ 52

　　结构变化　/ 53

　　方法变化　/ 60

　　系统方法　/ 67

第 5 章　20 世纪的技术与社会　/ 71

　　前技术时代的文明　/ 71

　　技术重塑社会制度　/ 75

　　迈入人造环境时代　/ 81

　　扩大人的活动范围　/ 83

　　技术与人类的关系　/ 84

第 6 章　管理者的过往与未来　/ 88

　　企业集团即将陷入困境　/ 90

　　多种标准而非单一标准　/ 93

　　评判管理的第一条标准　/ 94

　　人员流动的神话与现实　/ 96

　　小型企业的绩效更卓越　/ 98

　　计算机的主要作用　/ 100

　　最耗时间的岗位将消失　/ 103

　　传统组织结构的未来　/ 106

　　工业关系将越来越尖锐　/ 108

第 7 章　第一次技术革命及其经验教训　/ 111

　　　　　注释　/ 122

第 8 章　长期计划　/ 123

　　　　　注释　/ 140

第 9 章　企业目标与生存需求　/ 141

　　　　　企业行为理论的必要性　/ 142

　　　　　工商企业的生存需求　/ 146

　　　　　工商企业学科的任务　/ 151

　　　　　预算过程的可用观点　/ 154

第 10 章　管理者与计算机　/ 157

　　　　　经验的过时　/ 160

　　　　　知识的效用　/ 162

　　　　　信息新时代　/ 163

　　　　　管理计算机　/ 165

　　　　　超越量化范围　/ 166

第 11 章　技术革命：技术、科学与文化之间的关系　/ 169

　　　　　注释　/ 181

第 12 章　管理能成为科学吗　/ 184

　　　　　注释　/ 192

| 推荐序一 |

功能正常的社会和博雅管理
为"彼得·德鲁克全集"作序

享誉世界的"现代管理学之父"彼得·德鲁克先生自认为,虽然他因为创建了现代管理学而广为人知,但他其实是一名社会生态学者,他真正关心的是个人在社会环境中的生存状况,管理则是新出现的用来改善社会和人生的工具。他一生写了 39 本书,只有 15 本书是讲管理的,其他都是有关社群(社区)、社会和政体的,而其中写工商企业管理的只有两本书(《为成果而管理》和《创新与企业家精神》)。

德鲁克深知人性是不完美的,因此人所创造的一切事物,包括人设计的社会也不可能完美。他对社会的期待和理想并不高,那只是一个较少痛苦,还可以容忍的社会。不过,它还是要有基本的功能,为生活在其中的人提供可以正常生活和工作的条件。这些功能或条件,就好像一个生命体必须具备正常的生命特征,没有它们社会也就不成其为社会了。值得留意的是,社会并不等同于"国家",因为"国(政府)"和"家(家庭)"不可能提供一个社会全部必要的职能。在德鲁克眼里,功能正常的社会至少要由三大类机构组成:政府、企业和非营利机构，它们各自发挥不同性质的作用，每一类、每一个机构中都要有能解决问题、令机构创造出独特绩效的权力中心和决策机制，这个权力中心和决策机制同时也要让机构里的每个人各得其所，既有所担当、做出贡献，又得到生计和身份、地位。这些在过去的国家中从来没有过的权力中心和决策机制，或者说新的"政体"，就是"管理"。在这里德鲁克把企业和非营利机构中的管理体制与政府的统治体制统称为"政体"，是因为它们都掌握权力，但是，这是两种性质截然不同的权力。企业和非营利机构掌握的，是为了提供特定的产品和服务而调配社会资源的权力，政府所拥有的，则是整个社会公平的维护、正义的裁夺和干预的权力。

在美国克莱蒙特大学附近，有一座小小的德鲁克纪念馆，走进这座用他的故居改成的纪念馆，正对客厅入口的显眼处有一段他的名言：

> 在一个由多元的组织所构成的社会中，使我们的各种组织机构负责任地、独立自治地、高绩效地运作，是自由和尊严的唯一保障。有绩效的、负责任的管理是对抗和替代极权专制的唯一选择。

当年纪念馆落成时，德鲁克研究所的同事们问自己，如果要从德鲁克的著作中找出一段精练的话，概括这位大师的毕生工作对我们这个世界的意义，会是什么？他们最终选用了这段话。

如果你了解德鲁克的生平，了解他的基本信念和价值观形成的过程，你一定会同意他们的选择。从他的第一本书《经济人的末日》到他独自完成的最后一本书《功能社会》之间，贯穿着一条抵制极权专制、捍卫个人自由和尊严的直线。这里极权的极是极端的极，不是集中的集，两个词一字之差，其含义却有着重大区别，因为人类历史上由来已久的中央集权统治直到 20 世纪才有条件变种成极权主义。极权主义所谋求的，是从肉体到精神，全面、彻底地操纵和控制人类的每一个成员，把他们改造成实现个别极权主义者梦想的人形机器。20 世纪给人类带来最大灾难和伤害的战争和运动，都是极权主义的"杰作"，德鲁克青年时代经历的希特勒纳粹主义正是其中之一。要了解德鲁克的经历怎样影响了他的信念和价值观，最好去读他的《旁观者》；要弄清什么是极权主义和为什么大众会拥护它，可以去读汉娜·阿伦特 1951 年出版的《极权主义的起源》。

好在历史的演变并不总是令人沮丧。工业革命以来，特别是从 1800 年开始，最近这 200 年生产力呈加速度提高，不但造就了物质的极大丰富，还带来了社会结构的深刻改变，这就是德鲁克早在 80 年前就敏锐地洞察和指出的，多元的、组织型的新社会的形成：新兴的企业和非营利机构填补了由来已久的"国（政府）"和"家（家庭）"之间的断层和空白，为现代国家提供了真正意义上的种种社会功能。在这个基础上，教育的普及和知识工作者的崛起，正在造就知识经济和知识社会，而信息科技成为这一切变化的加速器。要特别说明，"知识工作者"是德鲁克创造的一个称谓，泛指具备和应用专门知识从事生产工作，为社会创造出有用的产品和服务的人群，这包括企业家和在任何机构中的管理者、专业人士和技工，也包括社会上的独立执业人士，如会计师、律师、咨询师、培训师等。在 21 世纪的今天，由于知识的应用领域一再被扩大，个人和个别机构不再是孤独无助的，他们因为掌握了某项知识，就拥有了选择的自由和影响他人的权力。知识工作者和由他们组成的知识型组织不再是传统的知识分子或组织，知识工作者最大的特点就是他们的独立自主，可以主动地整合资源、创造价值，促成经济、社会、文化甚至政治层面的改变，而传统的知识分子只能依附于当时的统治当局，在统治当局提供的平台上才能有所作为。这是一个划时代的、意义深远的变化，而且这个变化不仅发生在西方发达国家，也发生在发展中国家。

在一个由多元组织构成的社会中，拿政府、企业和非营利机构这三类组织相互比较，企业和非营利机构因为受到市场、公众和政府的制约，它们的管理者不可能像政府那样走上极权主义统治，这是它们在德鲁克看来，比政府更重要、更值得寄予希望的原因。尽管如此，它们仍然可能因为管理缺位或者管理失当，例如官僚专制，不能达到德鲁克期望的"负责任地、高绩效地运作"，从而为极权专制垄断社会资源让出空间、提供机会。在所有机构中，包括在互联网时代虚拟的工作社群中，知识工作者的崛起既为新的管理提供了基础和条件，也带来对传统的"胡萝卜加大棒"管理方式的挑战。德鲁克正是因应这样的现实，研究、创立和不断完善现代管理学的。

1999年1月18日，德鲁克接近90岁高龄，在回答"我最重要的贡献是什么"这个问题时，他写了下面这段话：

> 我着眼于人和权力、价值观、结构和规范去研究管理学，而在所有这些之上，我聚焦于"责任"，那意味着我是把管理学当作一门真正的"博雅技艺"来看待的。

给管理学冠上"博雅技艺"的标识是德鲁克的首创，反映出他对管理的独特视角，这一点显然很重要，但是在他众多的著作中却没找到多少这方面的进一步解释。最完整的阐述是在他的《管理新现实》这本书第 15 章第五小节，这节的标题就是"管理是一种博雅技艺"：

> 30 年前，英国科学家兼小说家斯诺（C. P. Snow）曾经提到当代社会的"两种文化"。可是，管理既不符合斯诺所说的"人文文化"，也不符合他所说的"科学文化"。管理所关心的是行动和应用，而成果正是对管理的考验，从这一点来看，管理算是一种科技。可是，管理也关心人、人的价值、人的成长与发展，就这一点而言，管理又算是人文学科。另外，管理对社会结构和社群（社区）的关注与影响，也使管理算得上是人文学科。事实上，每一个曾经长年与各种组织里的管理者相处的人（就像本书作者）都知道，管理深深触及一些精神层面关切的问题——像人性的善与恶。
>
> 管理因而成为传统上所说的"博雅技艺"（liberal art）——是"博雅"（liberal），因为它关切的是知识的根本、自我认知、智慧和领导力，也是"技艺"（art），因为管理就是实行和应用。管理者从各种人文科学和社会科学中——心理学和哲学、经济学和历史、伦理学，以及从自然科学中，汲取知识与见解，可是，他们必须把这种知识集中在效能和成果上——治疗病人、教育学生、建造桥梁，以及设计和销售容易使用的软件程序等。

作为一个有多年实际管理经验，又几乎通读过德鲁克全部著作的人，我曾经反复琢磨过为什么德鲁克要说管理学其实是一门"博雅技艺"。我终于意识到这并不仅仅是一个标新立异的溢美之举，而是在为管理定性，它揭示了管理的本质，提出了所有管理者努力的正确方向。这至少包括了以下几重含义：

第一，管理最根本的问题，或者说管理的要害，就是管理者和每个知识工作者怎么看待与处理人和权力的关系。德鲁克是一位基督徒，他的宗教信仰和他的生活经验相互印证，对他的研究和写作产生了深刻的影响。在他看来，人是不应该有权力（power）的，只有造人的上帝或者说造物主才拥有权力，造物主永远高于人类。归根结底，人性是软弱的，经不起权力的引诱和考验。因此，人可以拥有的只是授权（authority），也就是人只是在某一阶段、某一事情上，因为所拥有的品德、知识和能力而被授权。不但任何个人是这样，整个人类也是这样。民主国家中"主权在民"，但是人民的权力也是一种授权，是造物主授予的，人在这种授权之下只是一个既有自由意志，又要承担责任的"工具"，他是造物主的工具而不能成为主宰，不能按自己的意图去操纵和控制自己的同类。认识到这一点，人才会谦卑而且有责任感，他们才会以造物主才能够掌握、人类只能被其感召和启示的公平正义，去时时检讨自己，也才会甘愿把自己置于外力强制的规范和约束之下。

第二，尽管人性是不完美的，但是人彼此平等，都有自己的价值，都有自己的创造能力，都有自己的功能，都应该被尊敬，而且应该被鼓励去创造。美国的独立宣言和宪法中所说的，人生而平等，每个人都有与生俱来、不证自明的权利（rights），正是从这一信念而来的，这也是德鲁克的管理学之所以可以有所作为的根本依据。管理者是否相信每个人都有善意和潜力？是否真的对所有人都平等看待？这些基本的或者说核心的价值观和信念，最终决定他们是否能和德鲁克的学说发生感应，是否真的能理解和实行它。

第三，在知识社会和知识型组织里，每一个工作者在某种程度上，都既是知识工作者，也是管理者，因为他可以凭借自己的专门知识对他人和组织产生权威性的影响——知识就是权力。但是权力必须和责任捆绑在一起。而一个管理者是否负起了责任，要以绩效和成果做检验。凭绩效和成果问责的权力是正当和合法的权力，也就是授权（authority），否则就成为德鲁克坚决反对的强权（might）。绩效和成果之所以重要，是因为不但在经济和物质层面，而且在心理层面，都会对人们产生影响。管理者和领导者如果持续不能解决现实问题，大众在彻底失望之余，会转而选择去依赖和服从强权，同时甘愿交出自己的自由和尊严。这就是为什么德鲁克一再警告，如果管理失败，极权主义就会取而代之。

第四，除了让组织取得绩效和成果，管理者还有没有其他的责任？或者换一种说法，绩效和成果仅限于可量化的经济成果和财富吗？对一个工商企业来说，除了为客户提供价廉物美的产品和服务、为股东赚取合理的利润，能否同时成为一个良好的、负责任的"社会公民"，能否同时帮助自己的员工在品格和能力两方面都得到提升呢？这似乎是一个太过苛刻的要求，但它是一个合理的要求。我个人在十多年前，和一家这样要求自己的后勤服务业的跨国公司合作，通过实践认识到这是可能的。这意味着我们必须学会把伦理道德的诉求和经济目标，设计进同一个工作流程、同一套衡量系统，直至每一种方法、工具和模式中去。值得欣慰的是，今天有越来越多的机构开始严肃地对待这个问题，在各自的领域做出肯定的回答。

第五，"作为一门博雅技艺的管理"或称"博雅管理"，这个讨人喜爱的中文翻译有一点儿问题，从翻译的"信、达、雅"这三项专业要求来看，雅则雅矣，信有不足。liberal art 直译过来应该是"自由的技艺"，但最早的繁体字中文版译成了"博雅艺术"，这可能是想要借助它在汉语中的褒义，我个人还是觉得"自由的技艺"更贴近英文原意。liberal 本身就是自由。art 可以译成艺术，但管理是要应用的，是要产生绩效和成果的，所以它首先应该是一门"技能"。此外，管理的对象是人们的工作，和人打交道一定会面对人性的善恶，人的千变万化的意念——感性的和理性的，从这个角度看，管理又是一门涉及主观判断的"艺术"。所以 art 其实更适合解读为"技艺"。liberal——自由，art——技艺，把两者合起来就是"自由技艺"。

最后我想说的是，我之所以对 liberal art 的翻译这么咬文嚼字，是因为管理学并不像人们普遍认为的那样，是一个人或者一个机构的成功学。它不是旨在让一家企业赚钱，在生产效率方面达到最优，也不是旨在让一家非营利机构赢得道德上的美誉。它旨在让我们每个人都生存在其中的人类社会和人类社群（社区）更健康，使人们较少受到伤害和痛苦。让每个工作者，按照他与生俱来的善意和潜能，自由地选择他自己愿意在这个社会或社区中所承担的责任；自由地发挥才智去创造出对别人有用的价值，从而履行这样的责任；并且在这样一个创造性工作的过程中，成长为更好和更有能力的人。这就是德鲁克先生定义和期待的，管理作为一门"自由技艺"，或者叫"博雅管理"，它的真正的含义。

邵明路

彼得·德鲁克管理学院创办人

| 推荐序二 |

跨越时空的管理思想

20多年来,机械工业出版社关于德鲁克先生著作的出版计划在国内学术界和实践界引起了极大的反响,每本书一经出版便会占据畅销书排行榜,广受读者喜爱。我非常荣幸,一开始就全程参与了这套丛书的翻译、出版和推广活动。尽管这套丛书已经面世多年,然而每次去新华书店或是路过机场的书店,总能看见这套书静静地立于书架之上,长盛不衰。在当今这样一个强调产品迭代、崇尚标新立异、出版物良莠难分的时代,试问还有哪本书能做到这样呢?

如今,管理学研究者们试图总结和探讨中国经济与中国企业成功的奥秘,结论众说纷纭、莫衷一是。我想,企业成功的原因肯定是多种多样的。中国人讲求天时、地利、人和,缺一不可,其中一定少不了德鲁克先生著作的启发、点拨和教化。从中国老一代企业家(如张瑞敏、任正非),及新一代的优秀职业经理人(如方洪波)的演讲中,我们常常可以听到来自先生的真知灼见。在当代管理学术研究中,我们也可以常常看出先生的思想指引和学术影响。我常常对学生说,当你不能找到好的研究灵感时,可以去翻翻先生的著作;当你对企业实践困惑不解时，也可以把先生的著作放在床头。简言之，要想了解现代管理理论和实践，首先要从研读德鲁克先生的著作开始。基于这个原因，1991年我从美国学成回国后，在南京大学商学院图书馆的一角专门开辟了德鲁克著作之窗，并一手创办了德鲁克论坛。至今，我已在南京大学商学院举办了100多期德鲁克论坛。在这一点上，我们也要感谢机械工业出版社为德鲁克先生著作的翻译、出版和推广付出的辛勤努力。

在与企业家的日常交流中，当发现他们存在各种困惑的时候，我常常推荐企业家阅读德鲁克先生的著作。这是因为，秉持奥地利学派的一贯传统，德鲁克先生总是将企业家和创新作为著作的中心思想之一。他坚持认为："优秀的企业家和企业家精神是一个国家最为重要的资源。"在企业发展过程中，企业家总是面临着效率和创新、制度和个性化、利润和社会责任、授权和控制、自我和他人等不同的矛盾与冲突。企业家总是在各种矛盾与冲突中成长和发展。现代工商管理教育不但需要传授建立现代管理制度的基本原理和准则，同时也要培养一大批具有优秀管理技能的职业经理人。一个有效的组织既离不开良好的制度保证，同时也离不开有效的管理者，两者缺一不可。这是因为，一方面，企业家需要通过对管理原则、责任和实践进行研究，探索如何建立一个有效的管理机制和制度，而衡量一个管理制度是否有效的标准就在于该制度能否将管理者个人特征的影响降到最低限度；另一方面，一个再高明的制度，如果没有具有职业道德的员工和管理者的遵守，制度也会很容易土崩瓦解。换言之，一个再高效的组织，如果缺乏有效的管理者和员工，组织的效率也不可能得到实现。虽然德鲁克先生的大部分著作是有关企业管理的，但是我们可以看到自由、成长、创新、多样化、多元化的思想在其著作中是一以贯之的。正如德鲁克在《旁观者》一书的序言中所阐述的，"未来是'有机体'的时代，由任务、目的、策略、社会的和外在的环境所主导"。很多人喜欢德鲁克提出的概念，但是德鲁克却说，"人比任何概念都有趣多了"。德鲁克本人虽然只是管理的旁观者，但是他对企业家工作的理解、对管理本质的洞察、对人性复杂性的观察，鞭辟入里、入木三分，这也许就是企业家喜爱他的著作的原因吧！

德鲁克先生从研究营利组织开始，如《公司的概念》（1946年），到研究非营利组织，如《非营利组织的管理》（1990年），再到后来研究社会组织，如《功能社会》（2002年）。虽然德鲁克先生的大部分著作出版于20世纪六七十年代，然而其影响力却是历久弥新的。在他的著作中，读者很容易找到许多最新的管理思想的源头，同时也不难获悉许多在其他管理著作中无法找到的"真知灼见"，从组织的使命、组织的目标以及工商企业与服务机构的异同，到组织绩效、富有效率的员工、员工成就、员工福利和知识工作者，再到组织的社会影响与社会责任、企业与政府的关系、管理者的工作、管理工作的设计与内涵、管理人员的开发、目标管理与自我控制、中层管理者和知识型组织、有效决策、管理沟通、管理控制、面向未来的管理、组织的架构与设计、企业的合理规模、多角化经营、多国公司、企业成长和创新型组织等。

30多年前在美国读书期间，我就开始阅读先生的著作，学习先生的思想，并聆听先生的课堂教学。回国以后，我一直把他的著作放在案头。尔后，每隔一段时间，每每碰到新问题，就重新温故。令人惊奇的是，随着阅历的增长、知识的丰富，每次重温的时候，竟然会生出许多不同以往的想法和体会。仿佛这是一座挖不尽的宝藏，让人久久回味，有幸得以伴随终生。一本著作一旦诞生，就独立于作者、独立于时代而专属于每个读者，不同地理区域、不同文化背景、不同时代的人都能够从中得到启发、得到教育。这样的书是永恒的、跨越时空的。我想，德鲁克先生的著作就是如此。

特此作序，与大家共勉！

南京大学人文社会科学资深教授、商学院名誉院长

博士生导师

2018年10月于南京大学商学院安中大楼

| 推荐序三 |

彼得·德鲁克与伊藤雅俊管理学院是因循彼得·德鲁克和伊藤雅俊命名的。德鲁克生前担任玛丽·兰金·克拉克社会科学与管理学教席教授长达三十余载,而伊藤雅俊则受到日本商业人士和企业家的高度评价。

彼得·德鲁克被称为"现代管理学之父",他的作品涵盖了39本著作和无数篇文章。在德鲁克学院,我们将他的著述加以浓缩,称之为"德鲁克学说",以撷取德鲁克著述在五个关键方面的精华。

我们用以下框架来呈现德鲁克著述的现实意义,并呈现他的管理理论对当今社会的深远影响。

这五个关键方面如下。

(1)**对功能社会重要性的信念**。一个功能社会需要各种可持续性的组织贯穿于所有部门,这些组织皆由品行端正和有责任感的经理人来运营,他们很在意自己为社会带来的影响以及所做的贡献。德鲁克有两本书堪称他在功能社会研究领域的奠基之作。第一本书是《经济人的末日》(1939年),"审视了法西斯主义的精神和社会根源"。

然后，在接下来出版的《工业人的未来》（1942年）一书中，德鲁克阐述了自己对第二次世界大战后社会的展望。后来，因为对健康组织对功能社会的重要作用兴趣盎然，他的主要关注点转到了商业。

（2）**对人的关注**。德鲁克笃信管理是一门博雅艺术，即建立一种情境，使博雅艺术在其中得以践行。这种哲学的宗旨是：管理是一项人的活动。德鲁克笃信人的潜质和能力，而且认为卓有成效的管理者是通过人来做成事情的，因为工作会给人带来社会地位和归属感。德鲁克提醒经理人，他们的职责可不只是给大家发一份薪水那么简单。

对于如何看待客户，德鲁克也采取"以人为本"的思想。他有一句话人人知晓，即客户决定了你的生意是什么，这门生意出品什么以及这门生意日后能否繁荣，因为客户只会为他们认为有价值的东西买单。理解客户的现实以及客户崇尚的价值是"市场营销的全部所在"。

（3）**对绩效的关注**。经理人有责任使一个组织健康运营并且持续下去。考量经理人的凭据是成果，因此他们要为那些成果负责。德鲁克同样认为，成果负责制要渗透到组织的每一个层面，务求淋漓尽致。

制衡的问题在德鲁克有关绩效的论述中也有所反映。他深谙若想提高人的生产力，就必须让工作给他们带来社会地位和意义。同样，德鲁克还论述了在延续性和变化二者间保持平衡的必要性，他强调面向未来并且看到"一个已经发生的未来"是经理人无法回避的职责。经理人必须能够探寻复杂、模糊的问题，预测并迎接变化乃至更新所带来的挑战，要能看到事情目前的样貌以及可能呈现的样貌。

（4）**对自我管理的关注**。一个有责任心的工作者应该能驱动他自己，能设立较高的绩效标准，并且能控制、衡量并指导自己的绩效。但是首先，卓有成效的管理者必须能自如地掌控他们自己的想法、情绪和行动。换言之，内在意愿在先，外在成效在后。

（5）**基于实践的、跨学科的、终身的学习观念**。德鲁克崇尚终身学习，因为他相信经理人必须要与变化保持同步。但德鲁克曾经也有一句名言："不要告诉我你跟我有过一次精彩的会面，告诉我你下周一打算有哪些不同。"这句话的意思正如我们理解的，我们必须关注"周一早上的不同"。

这些就是"德鲁克学说"的五个支柱。如果你放眼当今各个商业领域，就会发现这五个支柱恰好代表了五个关键方面，它们始终贯穿交织在许多公司使命宣言传达的讯息中。我们有谁没听说过高管宣称要回馈他们的社区，要欣然采纳以人为本的管理方法和跨界协同呢？

彼得·德鲁克的远见卓识在于他将管理视为一门博雅艺术。他的理论鼓励经理人去应用"博雅艺术的智慧和操守课程来解答日常在工作、学校和社会中遇到的问题"。也就是说，经理人的目光要穿越学科边界来解决这世上最棘手的一些问题，并且坚持不懈地问自己："你下周一打算有哪些不同？"

彼得·德鲁克的影响不限于管理实践，还有管理教育。在德鲁克学院，我们用"德鲁克学说"的五个支柱来指导课程大纲设计，也就是说，我们按照从如何进行自我管理到组织如何介入社会这个次序来给学生开设课程。

德鲁克学院一直十分重视自己的毕业生在管理实践中发挥的作用。其实，我们的使命宣言就是：

通过培养改变世界的全球领导者，来提升世界各地的管理实践。

有意思的是，世界各地的管理教育机构也很重视它们的学生在实践中的表现。事实上，这已经成为国际精英商学院协会（AACSB）认证的主要标志之一。国际精英商学院协会"始终致力于增进商界、学者、机构以及学生之间的交融，从而使商业教育能够与商业实践的需求步调一致"。

最后我想谈谈德鲁克和管理教育，我的观点来自2001年11月 *BizEd* 杂志第1期对彼得·德鲁克所做的一次访谈，这本杂志由商学院协会出版，受众是商学院。在访谈中，德鲁克被问道：在诸多事项中，有哪三门课最重要，是当今商学院应该教给明日之管理者的？

德鲁克答道：

第一课，他们必须学会对自己负责。太多的人仍在指望人事部门来照顾他们，他们不知道自己的优势，不知道自己的归属何在，他们对自己毫不负责。

第二课也是最重要的，要向上看，而不是向下看。焦点仍然放在对下属的管理上，但应开始关注如何成为一名管理者。管理你的上司比管理下属更重要。所以你要问："我应该为组织贡献什么？"

最后一课是必须修习基本的素养。是的，你想让会计做好会计的事，但你也想让她了解组织的其他功能何在。这就是我说的组织的基本素养。这类素养不是学一些相关课程就行了，而是与实践经验有关。

凭我一己之见，德鲁克在 2001 年给出的这则忠告，放在今日仍然适用。卓有成效的管理者需要修习自我管理，需要向上管理，也需要了解一个组织的功能如何与整个组织契合。

彼得·德鲁克对管理实践的影响深刻而巨大。他涉猎广泛，他的一些早期著述，如《管理的实践》（1954 年）、《卓有成效的管理者》（1966 年）以及《创新与企业家精神》（1985 年），都是我时不时会翻阅研读的书籍，每当我作为一个商界领导者被诸多问题困扰时，我都会从这些书中寻求答案。

珍妮·达罗克
彼得·德鲁克与伊藤雅俊管理学院院长
亨利·黄市场营销和创新教授
美国加州克莱蒙特市

| 前 言 |

    一部文集的各章节应该保持内在一致,全部围绕着一个观点、核心主题或关键要点。尽管本书收录的文章有些写于十几年前,讨论的问题五花八门,但我相信符合上述标准。其中"工作与工具"讨论的是"技术不仅涉及工具,而且关乎人类的工作方式"。实际上,这是本书的基调,在某种程度上也是我所有著作的基本主张。

    所有文章探讨的都是我们过去常常称之为"物质文明"的某个方面,具体包括人类使用的工具和原材料、人类缔造的组织机构、人类的工作和谋生方式。但所有文章都把工作、原材料、组织、谋生作为"人类的延伸",而不是物质产品或无生命自然的一部分。假若让我回顾自己多年来的立场,我会说,从一开始我就拒绝19世纪的流行观点,即把人类社会划分为截然不同的"文化"和"文明",前者探讨思想和符号问题,后者探讨人工制品和物品问题。相反我认为,"文明"始终是人性的组成部分,并且在"文明"范畴内,人类表达自己的基本理想、梦想、抱负和价值观。本书收录的文章有的讲述技术及其历史、有的讲述管理和管理者、有的探讨某种工具(例如计算机），但所有文章都探讨从事工作之人的问题，都涉及人努力使自己变得卓有成效。

然而作为一本文集，本书理应具备一定的多样性，以有助于解析作者本人的思想，如同棱镜分解光线。实际上，真正令人手不释卷的文集往往会给读者带来惊喜，因为研究同一个领域的同一位作者，突然展现给读者不同的形象，探讨相关主题的不同侧面。本书收录的文章聚焦于我长期关注的主要领域之一——"物质文明"，但该领域涉及许多不同主题。在本书收录的12篇文章中，其中5篇讨论技术、技术史、技术对人类和文化的影响。然而，从7000多年前的"第一次技术革命"（当时新涌现的灌溉城市孕育了所谓"现代文明"），到试图评估技术在当代的作用，不同主题的时间跨度非常大。除非考虑到技术的因素，并探究人类工具的发展及各个时代对工具的使用问题，否则将无法书写完整的历史，遑论撰写的历史会令人信服。毫无疑问，这不是历史学家一贯的传统立场。迄今为止，仅仅有迹象表明，历史学家开始认识到技术从最早的时期就伴随着人类，并且始终是人类经验、人类社会和人类历史密不可分的重要组成部分。与此同时，本书收录的文章都认为，为了建设性地使用工具，技术人员必须充分了解历史，必须看到自己及相关学科与人类和社会的关系。与向历史学家强调技术的因素相比，该观点在技术人员中从来都不太受欢迎。

在本书收录的另外几篇文章中，"管理者的过往与未来"把管理者视为当今社会的领导群体。"企业目标与生存需求"把管理视为一项关键的社会职能。这两篇文章都假定管理者在处理工具问题时完全了解手中的工具，并愿意根据需求学习使用新工具。但最重要的是，这两篇文章探讨了下列问题："我们期望从管理者那里得到什么**成果**？无论是企业还是政府机构，管理者所在的组织期望从他那里得到什么**成果**？尤为重要的是，我们的社会和构成社会的人有权期望从管理者那里得到什么**成果**？"人们关注管理，是由于管理与生活质量息息相关——管理能够提供大量生活物品（生活的数量问题）的能力已经得到证明。

还有3篇文章分别是"长期计划""管理者与计算机""管理能成为科学吗"，讨论的是基本方法和技术问题。这3篇文章聚焦于组织内部管理，而不是作为一项社会职能的管理，但一再强调管理的宗旨不是提升效率，而是推动人类、经济和社会的运转，使其更卓有成效。

最后需要说明的是，相比于一本普通专著，文集更能体现作者的个性，这正是我喜欢阅读文集的原因。文集应该展现作者的风格、智慧和思想结构。这本文集有没有做到这一点，唯有读者有资格评判。但我确实希望，1957年以来不同时间为不同目的撰写的这12篇文章能够帮助我和读者建立联系。归根结底，这正是作者写作、读者阅读的原因所在。

彼得·德鲁克

新泽西州蒙特克莱尔

第1章 | CHAPTER 1

信息、沟通与理解^㊀

人们对"信息"和"沟通"的关注始于第一次世界大战前不久。1910年罗素^㊁及其老师怀特海^㊂出版的《数学原理》（*Principia Mathematica*）至今仍然是一本基础性著作。还有许多著名的后继者（从维特根斯坦^㊃经维纳^㊄

㊀ 1969年10月，在日本东京国际管理学会会议（Fellows of the International Academy of Management）上宣读的论文，以"沟通的含义"为题发表于1970年3月《今日管理》（*Management Today*）杂志。

㊁ 罗素（Russell，1872—1970），英国哲学家，1950年获得诺贝尔文学奖。——译者注

㊂ 怀特海（Alfred N. Whitehead，1861—1947），英国哲学家，与伯特兰·罗素合著《数学原理》。——译者注

㊃ 维特根斯坦（Ludwig Wittgenstein，1889—1951），奥地利裔英国哲学家，主要研究语言哲学、心灵哲学和数学哲学等，代表作《哲学研究》。——译者注

㊄ 维纳（Norbert Wiener，1894—1964），美国应用数学家，控制论创始人，代表作《控制论》。——译者注

直到当今乔姆斯基[○]的"数理语言学")一直在继续从事信息的**逻辑化**研究。大致而言，当时人们的兴趣在于沟通的**意义**，柯日布斯基[◎]在19世纪末20世纪初开始研究的"普通语义学"，即沟通的意义。然而，正是第一次世界大战使整个西方世界产生了沟通意识。战后不久，1914年德国和俄国的外交档案就被公开出版，无可辩驳地显示，之所以各国掌握大量有用信息却不能阻止大战爆发，在很大程度上是由于沟通失败。并且战争本身显然是一种沟通失败的悲喜剧^⑤，最典型的例子是1915～1916年温斯顿·丘吉尔有关加里波利战役的战略设想完全失败。^⑧同时，第一次世界大战刚刚结束后，劳资冲突愈演愈烈，严峻的形势表明，在现有体制内部、现有社会内部以及各种领导团队与其形形色色的"公众"之间，缺少同时也需要一种有效的沟通理论和沟通实践。

因此，四五十年前，沟通突然引起学界和实业界的浓厚兴趣。最重要的是，在过去的半个世纪中，管理沟通问题已经成为所有机构（企业、军队、公共行政机构、医院管理部门、大学行政机构、研究管理部门）中的学者和实务者关注的中心议题。心理学家、人际关系专家、管理者、管理学家都努力改善社会主要机构中的沟通状况，再没有其他任何领域的人比他们工作更努力，贡献更大了。

○ 乔姆斯基（A. N. Chomsky，1928— ），美国语言学家，为语言和思想研究提供了一个新的认知框架，代表作《句法结构》。——译者注

◎ 柯日布斯基（Alfred Korzybski，1879—1950），波兰裔美国学者，开创"普通语义学"，代表作《科学与理智》。——译者注

⑤ 悲喜剧（tragicomedy），一种悲剧和喜剧交融并延伸的文学体裁，兼有悲剧和喜剧的成分。——译者注

⑧ 1915年4月丘吉尔（Winston Churchill，1874—1965）策划从加里波利半岛登陆占领伊斯坦布尔，以迫使土耳其退出战争，缓解俄国在高加索地区的压力，然而英军主力"澳纽军团"惨败。——译者注

现如今我们一直在尝试进行更多的沟通，更多地与他人交流，然而对于第一次世界大战前后开始从事沟通工作的人而言，当今这种沟通媒介过多的情况是无法想象的。那时关于沟通问题的书籍宛若涓涓细流，如今已变为一股磅礴洪流。最近我收到一份关于沟通问题的毕业研讨会所需的书目清单，竟然厚达 97 页。一本近年出版的选集（马特森㊀和蒙塔古㊁主编的《人类对话》（*Human Dialogue*），伦敦：Collier-Macmillan，1967 年）包含了 49 位不同作者的论文。

然而，沟通问题已被证明犹如独角兽㊂般难以捉摸。《人类对话》的 49 位作者，每位都有自己的一套沟通理论，且彼此互不兼容。噪声水平上升得如此之快，以至于没人能真正倾听其他人关于沟通问题的喋喋不休。显然，沟通越来越少。机构内部各部门之间、社会不同团体之间的沟通鸿沟正在逐步加深，甚至有可能恶化为相互误解。

与此同时，信息爆炸悄然而至。每位专业人员、管理者（事实上包括除聋哑人之外的每个人）突然能够轻易获得海量数据。所有人都感到自己非常像被单独留在糖果店里的小孩——吃撑了。但如何才能够使海量数据转化为有效信息和真知灼见呢？我们得到了许多答案。迄今为止可以确定的是，没人真正有答案。尽管有"信息理论"和"数据处理"技术，但仍然没人见过，更没人使用过"信息系统"或"数据库"。确定无疑的是，大量信息改变了沟通难题的症结所在，使其变得更急迫，同时也更

㊀ 马特森（Floyd W. Matson，1921—2008），美国盲人联合会创始人兼首任主席，代表作《偏见、战争与宪法》。——译者注
㊁ 蒙塔古（Ashley Montagu，1905—1999），美国人类学家，代表作《人类最危险的神话》。——译者注
㊂ 独角兽（unicorn），古希腊传说中的一种生物，象征着纯洁和优雅。——译者注

难处理。

如今存在一种放弃沟通的趋势。例如，现在心理学领域流行"敏感性训练"（T 小组训练）⊖，公开宣称的目标不是沟通，而是自我意识。T 小组训练聚焦于"我"而非"你"。10～20 年前的理论强调"移情"，如今则强调"做自己"。然而，我们固然可能需要自我意识，但我们同样需要沟通（确实，自我意识的实现不需要与他人互动，即无须沟通）。T 小组训练能否实现健康的心理状态，是不是一种有效的心理治疗方法，这不是我的能力所能评价的，也超出了本文的范围。但这类方法的流行恰恰证明我们在沟通方面的努力失败了。

虽然沟通在理论和实践上都有待改善，但我们已经对信息和沟通了解了不少。尽管我们在沟通工作上花费了大量时间和精力，但我们的所作所为并没有显现出相应的效果。沟通成了大量似乎彼此不相关学科（包括学习理论、遗传学、电子工程等）的副产品。我们同样积累了很多经验（虽然多数是失败的），这些经验源自各类组织的实践。确实，我们可能从未真正理解什么是沟通，但关于组织中的沟通（即**管理沟通**），目前我们的确有一点了解。这是一个比沟通**本身**更专业的主题，也正是本文要讨论的主题。

目前我们尚远远谈不上已经掌握了沟通，组织中的沟通也一样。我们所拥有的沟通知识非常零散，通常难以理解，遑论实际应用。但至少我们越来越了解什么是行不通的，有时候也能了解为什么行不通。事实上，我们能够肯定地说，今天大多数关于管理沟通的勇敢尝试（企业、工

⊖ 敏感性训练（T 小组训练），立足于库尔特·卢因（Kurt Lewin, 1890—1947）的思想，美国行为科学家布雷福德（Leland Bradford, 1905—1981）等人首创的一种训练方法。——译者注

会、政府机构或大学），都基于已被证明是无效的假设，因此所有这些努力都可能毫无成果。或许我们甚至可以预料什么能行得通。

已知的知识

主要通过不断地试错，我们已经学到沟通的下列 4 个基本原理：

- 沟通是感知；
- 沟通是期望；
- 沟通是要求；
- 沟通与信息完全不同，但信息是有效沟通的前提。

沟通是感知

许多宗教神秘主义者（禅宗⊖僧侣、苏菲派⊜穆斯林、犹太拉比⊝）会问一个古老的问题：如果森林中有棵树倒了，周围没人听见，那么森林中有声音吗？我们现在知道，正确答案是"没有"，但有声波。除非有人感觉到声波，否则就没有声音。声音是由感知创造的。声音就是沟通。

这似乎是老生常谈；毕竟古代的神秘主义者已经知道这一点，因为他们也时常回答除非有人能听到，否则就没有声音。然而，这种老生常谈却具有非常深刻的启示意义。

⊖ 禅宗（Zen Buddhists），尊达摩为祖师，盛于六祖慧能，中晚唐之后成为汉传佛教的主流。——译者注

⊜ 苏菲派（Sufis of Islam），追求精神层面提升的伊斯兰教派，诠释的方式有别于一般穆斯林。——译者注

⊝ 犹太拉比（Rabbis of the Talmud），犹太人的特别阶层，为有学问的学者，主持犹太教仪式。——译者注

（1）首先，沟通需要接收者。发出信息之人（所谓沟通者）并不进行沟通，他只管发布信息。除非有人听到了，否则就不存在沟通，有的只是噪声。无论沟通者讲话、写作还是唱歌，这些行为都不是沟通。实际上，沟通者不能沟通，只能使接收者（倒不如说是有感知能力的人）的感知成为可能或不可能。

（2）我们知道，感知不是逻辑而是经验。这意味着，第一，个人总能感知到一种整体情境，但不能感知到单独的细节。细节是整体情境的构成部分。"**无声的语言**"（如同10年前爱德华·霍尔①的开创性著作的书名）是手势、语调、环境以及文化和社会符号共同构成的整体，不能与有声语言分离。事实上，缺少了这些无声语言，有声语言就会失去意义，无法实现沟通。不仅如此，同一句话，例如"我喜欢见到你"，说者无意听者有心，不同的听众可能产生完全不同的理解，声音是热情的还是冰冷的，表示钟爱还是拒绝，取决于其与无声的语言如语调或时机的配合。更重要的是，话语如果脱离了整体语境、时机和无声语言等，其本身是没有任何意义的。仅靠话语本身不可能实现沟通，因为其不能被理解，实际上也不能被听到。套用人际关系学派②的一个谚语："单个词不能实现沟通，整个人才行。"

（3）我们也知道，一个人只能感知到他能感知的事物。就像人的耳朵不能听到超出一定频率的声音，人的所有感官都不能感受到超出自身感知范围的事物。当然，我们也有可能在听觉上听得见，或在视觉上看

---

① 爱德华·霍尔（Edward T. Hall，1914—2009），美国人类学家，最早系统研究跨文化传播，1959年出版《无声的语言》。——译者注

② 人际关系学派（Human Relations School），管理学流派，围绕人际关系来展开对管理的研究，代表人物是埃尔顿·梅奥。——译者注

得见，却不能理解。另外，刺激不能成为沟通。

虽然沟通实务者常常忘记，但这早已成为修辞学教师的常识。柏拉图的《斐德罗篇》（*Phaedrus*）是现存最早的修辞学论著，苏格拉底○在该书中指出，个人必须立足对方的经验与人交谈，即当他同木工谈话时，他就不得不用木工的比喻等。只有用接收者的措辞或完全在其语境下，才可能达到沟通的目的。并且，措辞必须基于经验，试图向人们解释一些措辞并没什么效果，如果措辞并非基于接收者本人的经验，这些措辞就超出了接收者的感知能力，它们就不能被成功接收。

我们现在知道，经验、感知、概念形成（即认知）之间的联系，比先前任何哲学家想象得要更加微妙，更加复杂。但一些彼此互不相关的著名学者，如瑞士的皮亚杰○、哈佛的斯金纳○与布鲁纳○，已经非常充分地证明了一个事实：学习者的感知和概念（不论儿童还是成年人）不是互相分离的。除非我们能想象，否则我们不能感知；但除非我们能感知，否则我们也不能形成概念；除非接收者能感知，即在其感知的范围内，否则不可能与他沟通一个概念。

作家们有句老话说得好："表达困难总是代表思维混乱。需要理顺的不是语句，而是背后的思维。"当然，在写作过程中，我们试图与自己沟通。一个不懂的句子是超出我们自己感知能力的句子。如果继续执着于

○ 苏格拉底（Socrates，前470—前399），古希腊哲学家，柏拉图的老师，奠定了西方哲学的基础。——译者注
○ 皮亚杰（Jean Piaget，1896—1980），瑞士心理学家，提出认知发展理论，成为20世纪发展心理学领域的权威理论。——译者注
○ 斯金纳（B. F. Skinner，1904—1990），美国心理学家，最早提出强化理论。——译者注
○ 布鲁纳（Jerome Bruner，1915—2016），美国心理学家，主要贡献在认知学习理论领域。——译者注

这个句子，即通常所说的沟通，并不能解决问题。我们首先不得不学习自己的概念，以便能够理解我们尝试说什么，只有这样，我们才能清晰地写出这句话。

无论使用什么媒介进行沟通，首要的问题是"沟通是否在接收者的感知范围内？他能接收吗？"

当然，"感知范围"是生理性的，并主要（虽然不是全部）是由人的身体局限性决定的。然而，当我们谈论沟通时，感知方面最重要的局限并非源自生理，而是由于文化和感情。我们知道，数千年来狂热分子始终不能被理性的辩论说服。现在我们正逐渐明白，问题的关键并非在于我们缺乏"论据"，而在于他们不具备沟通能力，即沟通超出了他们的感知范围。在与狂热分子沟通之前，需要他们首先改变自己的情绪。换言之，如果试图把感知建立在全部相关证据的基础上，那么没人能真正"接触现实"。理智与偏执之间的区别，不在于感知能力，而在于学习能力，即一个人基于经验改变情绪的能力。

早在 40 年前，最常被人们引用却不幸被几乎所有组织学者忽视的玛丽·福列特⊖（参见论文集《动态管理》，伦敦：Management Publications Trust，1949 年）指出，感知受到人们能够感知到的事物的制约。福列特认为，分歧或冲突不可能只是在于答案或者一些表面上的问题。确实如此，在多数情况下，分歧或冲突是感知不一致导致的结果。A 看得非常清楚，B 却一点都看不见。因此，A 争辩的事物与 B 关切的东西没有联系，反之亦然。福列特说，双方都可能看到现实，但每一方可能看到的

⊖ 玛丽·福列特（Mary P. Follett，1868—1933），美国政治学家、管理学家，被德鲁克誉为"管理学先知"。——译者注

是其中不同的侧面，世界不仅仅是物质世界，也是多维世界。然而，在某个时刻一个人却只能看到一个维度，不可能意识到世界还有其他维度，尤其是那些在我们的亲身经历中被清楚地不断证实的事物，也有其他维度、背面或侧面，这彻底不符合我们的常识，因此导致了完全不同的感知。在盲人摸象的故事中，每个人基于自己的个人经验，感受面前那个庞然大物的腿、鼻子、肚子，得出的结论完全不同，他们都坚持一己之见，这是人类境况的真实写照。只有当每个人认识到上述情况，并且摸到大象肚子的人挪到摸到大象腿的人所在之处，亲自感受一下大象腿，否则就不能实现沟通。换言之，除非我们一开始就知道接收者，即真正的沟通者能理解什么，且明白其中的原因，否则就不可能实现沟通。

沟通是期望

一般而言，个人感知到的是自己期望感知的事物，看到的主要是自己期望看到的事物，听到的也主要是自己期望听到的事物。出乎意料的事物往往被贬为不重要的事物，多数企业或政府部门中的沟通研究者认为确实如此。真正重要的是，意料之外的事通常完全没有被接收到，其既非未被看到亦非未被听到——而是被有意忽视，或者是被误解了，即被误认为是期望看到的事物或期望听到的事物。

在这一点上，我们已经有了一个多世纪的试验，其结果是无可置疑的。人类思想倾向于将观感和刺激纳入期望的框架之中。人类强烈抵制任何使其"改变思想"的企图，即感知那些自己不期望感知的事物，或不去感知那些自己期望感知的事物。当然，可能需要注意的是，感知到的事物有可能与个人期望相反。这首先需要个人理解自己期望感知的事物，然后要求有一个明确无误的信号——"错误"，对自己的惯性思维当头棒喝。思想经由微小的、渐进的步骤，逐渐认识到其感知到的事物并非自己期望感知的事物，这种"渐进的"改变方式是行不通的，反而会强化原来的期望，并将使接收者更加确信感知到的就是期望感知的事物。

因此，在我们成功沟通之前，我们必须知道接收者期望看到或听到什么。只有这样，我们才能知道沟通能否利用他的期望（接收者预期的是什么）或是否需要对其进行"当头棒喝"，因为这种"唤醒"能打破接收者的期望并强迫他认识到意料之外的情况正在出现。

沟通是要求

许多年前，研究记忆的心理学家无意中发现了一个奇怪现象，直接颠覆了他们原先的研究假设。为了测试记忆，心理学家为受测者编制了一份词汇清单，以便随机测验他们的记忆能力。在控制组，他们设计了一份仅由不同字母组合的无意义词汇清单，以便测验理解在多大程度上影响记忆。使这些大约一个世纪前的研究者感到惊奇的是，受测者（当然多数是学生）对各个单词表现出完全不均匀的记忆力。更奇怪的是，他们对那些无意义单词表现出令人惊讶的记忆力。对于第一个现象的解释是很明显的，单词不仅仅是信息，它们承载着感情投入。所以，带有令人联想到不高兴之事或威胁的单词会被遗忘，而那些令人联想到开心之事的单词则会被记住。这种与感情关联的选择性记忆因此被用于测验情绪失调和性格特征。

如何解释受测者对无意义单词的高比例记忆率是一个更大的难题。

毕竟，原先心理学家们假定没人能真正记住那些没有任何意义的词汇。但多年来人们越来越清楚地认识到，尽管受测者对这些无意义单词的记忆有限，但正因为这些词汇没有任何意义，所以才会被记住。同样的原因，这种词汇没有任何要求，可谓完全中性。受测者对这种词汇的记忆纯粹是机械性的，既没表现出感情上的喜好也没有表现出感情上的排斥。

每位报纸编辑都常常碰到类似现象，补白（即用来填补空白版面的三五行不重要的随机信息）的读者人数出奇得多，并且更容易被读者记住。为什么人们想要阅读甚至记住在某位被遗忘已久的公爵的院子里，最早流行在两条腿上穿不同的长筒袜？为什么人们想要阅读甚至记住何时何地首次使用发酵粉？然而，毫无疑问，除了那些有关灾难的耸人听闻的头条新闻外，这些无关痛痒的八卦消息最容易被人们记住。答案就在于这些补白没有任何特定倾向性。无关紧要恰恰是被记住的原因。

沟通总是一种宣传。发布消息的人总是希望自己的"想法被理解"。我们现在知道，宣传一方面要比相信"公开讨论"的理性者具有更加强大的力量，另一方面却又不如宣传神话缔造者如纳粹党的戈培尔⊖本人相信并想要我们相信得那样强大。的确，所有宣传的危险不在于会被相信，而在于人们不再相信任何宣传，对每次宣传都疑心重重。最后，再也不能实现任何真正的沟通。任何人说的一切都被视为一种要求，反而招来怨恨，引起抵制，结果就是听众根本听不进去。铺天盖地宣传的最终后果并不是深信不疑，而是愤世嫉俗——当然，这可能是更大、更危险的

⊖ 戈培尔（Paul J. Goebbels，1897—1945），纳粹德国国民教育与宣传部长，1945年5月1日自杀。——译者注

堕落。

换言之，沟通常常附带一定的要求，往往要求接收者变成某人、做某事、相信某种观念。沟通总是需要一定的激励因素，如果人们与沟通对象的愿望、价值观和目的一致，那么沟通就会效果显著。反之，如果人们与沟通对象的愿望、价值观、动机冲突，那么沟通就无法实现，或者最好的情况是不被抵制。当然，最强大的沟通，能够使沟通对象的人格、价值观、信念、愿望等发生重大改变。但这只会发生在极其罕见的生存危机状态下，如各种不利情况严重威胁某人内心的基本信念时。《圣经》记载，甚至上帝也不得不先让"扫罗"失明，然后才能使他成为皈依基督教的使徒"保罗"⊖。沟通旨在使对象放弃并转变自己的观点。因此，大体上说，除非信息能够与接收者的价值观吻合，或至少一定程度上吻合，否则就不能实现沟通。

沟通与信息不同，二者相反相成

（1）沟通是感知，信息是逻辑。就其本身而言，信息是完全形式的，没有任何意义；是非人格化的，而不是人际的。信息越摆脱人的因素（如感情和价值观、期望和感知等），就会越可靠、有效，越能够提供有用信息。

纵观历史，老大难的问题一直是如何从基于感知的沟通（即人与人之间的关系）中收集一点信息，从大量的感知中筛选出信息内容。现在，由于逻辑学家的理论性工作（尤其是罗素和怀特海的数理逻辑成果），再加

⊖ 原文如下："扫罗行路，将到大马士革，忽然从天上发光，四面照着他。他就仆倒在地，……扫罗从地上起来，睁开眼睛，竟不能看见什么。""扫罗又名保罗，被圣灵充满。"——译者注

上数据处理、数据存储的技术能力（尤其是计算机及其强大的存储、操作和传输能力），使我们一夜之间具备了提供信息的能力。换言之，同古人相比，我们面临的是相反的难题，即处理信息本身的问题——信息缺乏沟通内容。

（2）对有效信息的需求与有效沟通的需求是彼此对立的。例如，信息总是具体的。在沟通时，我们感知到的是整体情境；但在信息处理过程中，我们传输的是具体的个别数据。确实，信息首先遵从经济原则。所需数据越少，信息越丰富。并且信息过载，即超出真正需求限度的信息会导致彻底的信息崩溃。实际上，这不会使人掌握更多信息，而会导致信息匮乏。

（3）同时，信息以沟通为前提。信息总是被编码，为了被接收和被使用，编码必须被接收者所知并理解。这就需要提前达成协议，即沟通。起码接收者需要知道编码指代的是什么。电脑硬盘中的数据是关于山脉的海拔的还是美联储成员银行的现金余额的？无论如何，接收者都首先需要知道是哪座山或哪家银行要从数据中提取信息。

对于信息系统的原型，我们可以追溯至陆军德语体系，即1918年前奥地利帝国⊖军队的命令语言，具体来讲，该语言体系由不到200个词汇构成，如"开火""稍息"等，其中每个词汇都被赋予完全明确的含义。奥地利帝国军队由讲多种语言的军人组成，军官、士官和普通士兵之间语言不通，唯有依靠这套命令体系才能够顺利运转。明确的意义意味着有所行动。在行动过程中学习或通过行动学习这些词汇的过程，

⊖ 奥地利帝国（Imperial Austrian），指1918年前的奥匈帝国，属于欧洲传统五大强国之一，第一次世界大战后分裂为11个小国。——译者注

即现代行为学家所称的操作性条件反射㊀。在经过几十年民族主义㊁的煽动之后，奥地利帝国军队内部成员之间的关系确实非常紧张。同一部门内部不同民族的成员之间，即便并非完全断绝联系，但相互交往确实存在非常大的障碍。但最终，该信息系统发挥了应有的功能。其中每个词汇仅有一个正式的、精确的、合理的含义，这有赖于预先制定出针对一组特定声音做出特定行动的沟通规则。然而，这个例子也表明，信息系统的效果还取决于是否愿意和有能力仔细思考哪些人出于什么目的需要什么信息，进而取决于围绕每一项输入、输出的特定含义在各参与方与整体之间进行系统性沟通。换言之，信息系统的效果取决于预先确立沟通基础。

（4）意义层次越多，沟通就越好，也越不可能量化。

中世纪美学主张，一件艺术作品能够表达多层次的意义，即使不完全涵盖以下4个，至少也有3个层次，包括字面意义、比喻意义、寓言意义、象征意义。精心将这种理论转化为实践的艺术作品，最成功的当然是但丁㊂的《神曲》。如果信息仅限于能够量化的事物，那么《神曲》就没有任何可称作信息的内容了。正是由于其旨趣的兼容性、内涵的多样性，该书才既可以被视作神话故事，又可以作为形而上学的鸿篇巨制，成为历史上无与伦比的艺术巨作，能够与历代读者直接沟通。

换言之，沟通可能不依赖于信息。事实上，最完美的沟通可能纯粹

㊀ 操作性条件反射（operant conditioning），与传统的条件反射不同，通过使用正强化和负强化来改变行为，使个体在特定的行为和后果之间建立联系。——译者注

㊁ 民族主义（nationalism），一种意识形态，强调对民族或民族国家的忠诚、奉献或效忠，并认为该义务优于个人或团体的利益。——译者注

㊂ 但丁（Dante Alighieri，1265—1321），意大利诗人，文艺复兴代表人物，代表作《神曲》。——译者注

是分享经验，并不具备任何逻辑。感知是首要的，而非信息。

我完全明白，此处关于我们已掌握知识的概述过于简单化，我将一些心理和认知领域争议最激烈的问题忽略了。确实，有人可能会指责我把多数学习和认知研究者通常认为至关重要的核心问题撇到了一边。

当然，我的目标不是探讨这些广泛的领域，我关注的不是学习或感知。我关注的对象是沟通，尤其是大型组织中的沟通，包括企业、政府机构、大学、军队等。

虽然并非很明显，但前文的概述仍有可能被视为老生常谈。可以说，或许很少有人会对本文的论述感到惊讶，因为我讲的是许多人都知道的事实。但无论如何，并非人人对此都知晓。相反，尽管这些有关组织中沟通问题的论述似乎显而易见，但当前的实践与其逻辑意义并不相符，确实，虽然几十年来管理实务界一直在努力推进沟通实践，但上述观点否认了其工作的有效性。

经验和教训

关于组织中的沟通、我们失败的原因以及未来取得成功的先决条件，现有的知识和经验能教给我们什么？

（1）几个世纪以来，我们一直致力于下行沟通。⊖然而，为什么无论付出多少聪明才智和辛勤劳动，最后仍旧效果不明显？这首先是因为下行沟通聚焦于我们想要表达什么。换言之，下行沟通假定信息发布者在进行沟通，但现在我们知道他所做的一切只是发布。沟通是接收者的行

⊖ 下行沟通（downward communication），信息由组织层次的较高处流向较低处，旨在控制、指示、激励及评估的一种沟通方式。——译者注

为。我们一直在发布者身上做工作，尤其是经理人、行政人员、指挥官，力求使他们成为一名更好的发布者。但所有下行沟通只能传达命令，即预先设置好的信号。包括动机在内的任何与理解有关的事情都不能通过下行沟通实现，而只能通过上行沟通⊖实现，即从接收者流向发布者。

这并不意味着管理者从此不必清晰表达，明确阐述相关命令。绝非如此。但这的确意味着只有当我们已经知道要表达的内容之后，我们才能考虑表达方式的问题。通过"对某人讲话"，不论讲得多么天花乱坠，都不能达到目的。除非管理者知道雇员能感知、期望感知和想要做的事情，否则"给员工的信"不论写得多么情真意切，都是一种浪费。总之，沟通必须基于接收者的感知而非发布者的臆想，否则就纯粹是做无用功。

（2）"倾听"也不能彻底解决问题。40年前，埃尔顿·梅奥⊜代表的人际关系学派就已经意识到传统的沟通方式终告失败，他提出的解决方案（参见梅奥的两本名著：《工业文明的人类问题》和《工业文明的社会问题》）是要求管理者学会倾听。也就是说，不再从管理者想要下级理解的事情入手，而应该从下级自己想知道、感兴趣、能感知的事情出发。今天，人际关系学派的主张虽然仍很少得到应用，但依旧是现有的最佳选择。

当然，倾听是沟通的先决条件，但仅仅倾听是不够的，并且其本身并不能发挥作用。尽管这个口号非常流行，但未得到广泛应用的原因或许就在于尝试应用的效果不佳。倾听的首要前提就是上级能够理解他听

⊖ 上行沟通（upward communication），一种下级向上级反映意见的沟通方式，目的是要有一条让管理者听取员工意见、想法和建议的通路。——译者注

⊜ 埃尔顿·梅奥（Elton Mayo，1880—1949），美国心理学家，生于澳大利亚，1927—1932年主持霍桑实验，开创人际关系管理学派。——译者注

到的话。换言之，它假定下级能够有效沟通。然而，很难理解为什么下级能够做上级做不到的事。事实上，想当然地认为下级能够做到，这是没有任何理由的。没有理由使我们相信，倾听会比讲话更不容易产生误解和偏差。另外，主张倾听的观点没有考虑到沟通是一种要求，倾听并不能使下级主动展现自身的偏好、要求、价值观和愿望。这也正是产生误解的原因之一，所以倾听不能成为相互理解的基础。

我并非说倾听是错的，只不过鉴于下行沟通徒劳无功，我反对下述做法：试图把文字写得简明易懂，命令表达得言简意赅，用自己习惯的语言而非接收者所用的行话阐述想法。确实，沟通的实现有赖于上行沟通（更精确地说，沟通必须始于接收者，而不是始于作为倾听概念基础的信息发布者），这是绝对合理和至关重要的，需要注意的是，倾听不过是沟通的起点罢了。

（3）数量庞大、质量上乘的信息，并不能解决沟通难题，也不能弥合沟通鸿沟。相反，信息越多，就越需要有效地进行沟通。换言之，信息越多，沟通鸿沟可能会越大。

首先，信息处理过程越客观、越正式，它就越依赖之前有关其应用和意义的一致协议（即沟通规则）。其次，信息处理过程越有效，信息就会变得越客观和正式，人与人之间就会变得更加彼此分离，因此就会需要专门付出更大努力重建人际关系和沟通关系。也可以说，信息处理过程的有效性越来越取决于我们的沟通能力，而且在缺乏有效沟通的情况下（就是当前我们面临的状况），信息革命并不能真正产生信息，其产生的不过是大量数据。

换言之，甚至可能更加重要的是，检验信息系统优劣的标准，越来越聚焦于能否使人从关注信息转而关注沟通。尤其是，检验计算机系统的一条标准是，其能给予各层级的管理者和专业人员多少时间与其他成员发展直接的、个人的、面对面的关系。

当今，衡量计算机使用率的一条时髦标准是一天当中的运行小时数。但这甚至连计算机效率的衡量标准都算不上，纯粹是一种衡量输入的方法。衡量输出的唯一标准是获取使人摆脱控制的信息的难易程度，即不必为获取有关昨日之事的一点信息而花费大量时间。进而，这方面唯一的衡量标准就是实现有效沟通（这是只能由人来做的工作）所需的时间长短。当然，从这个方面来审视，当今几乎没有计算机被恰当使用。多数计算机都被误用，即用来证明花费更多时间用于控制的合理性，而非用来证明给予人们所需的信息使他们摆脱控制的合理性。造成这种状况的原因，很明显是缺乏事先的沟通，即关于需要什么信息、由谁提供、目标是什么以及意味着什么具体操作等方面的协议和决策。对于第一次世界大战前奥地利帝国军队中由200个词汇构成的陆军德语体系，即使最笨的新兵都能够在两周以内完全掌握。打个比方，计算机被误用的原因正在于缺少了堪与该语言体系相类似的东西。

换言之，信息爆炸是进行沟通的最强大推动力。确实，我们身边巨大的沟通鸿沟（管理层和员工之间、企业与政府之间、院系与学者之间及他们与大学行政部门之间、生产者与消费者之间等），在一定程度上恰好反映出，信息爆炸性增长的同时沟通并没有得到相应的改善。

建设性意见

关于沟通，我们能提供一些建设性意见吗？我们能做什么？毫无疑问，沟通必须始于预期的接收者而非发布者。我们建议在传统组织中试行上行沟通，因为下行沟通不能发挥作用，也不会发挥作用。上行沟通成功地建立起来之后，才能轮到下行沟通，下行沟通是反应而非行动，是回答而非传达。

我们还能够确定的是，倾听是不够的。首先，上行沟通必须聚焦于发布者和接收者都能够感知到的事物，聚焦于双方的共同之处。其次，上行沟通必须着眼于预期接收者的动机，必须从一开始就关注接收者的价值观、信念和愿望。

有且只有一个实例：上级要求下级仔细思考自己对组织（或对组织中相关部门）的主要贡献，应该被期望取得的绩效以及应该负责的事务，并将结果交给上级，以此为起点的组织沟通最终取得了令人满意的效果。下级提出来的看法很少是上级所期望的。毋庸讳言，该练习的首要目标是揭露上下级在感知方面的分歧。但这种感知测验的对象非常明确，聚焦于对双方而言都是实实在在的事情。意识到他们各自看到的同一个现实是不同的，这本身就是沟通。

沟通的预期接收者（在上述例子中是下级）得到了一些经验，这使他能够理解一些事务，有机会了解到上级决策的现实情况、优先考虑的问题、想要做的事情和现实情况迫使不得不做的事情之间的权衡，最重要的是下级被赋予了一定的决策责任。下级看待形势的方式可能与上级不同，事实上，双方很少一致甚至不应一致。但下级毕竟可以了解到上级面临形势的复杂性，最重要的是，这种复杂性不是上级导致的，而是形势本身固有的。

上级即使对下级思考的结果持"否定"态度，沟通仍然必须牢牢地聚焦于预期接收者的愿望、价值观和动机。事实上，沟通往往以如下的问题作为开端"你想要做什么"，并可能会以命令结束"这就是我要你做的"。但这起码能迫使上级认识到，自己正在违背下级的意愿；迫使上级对决策加以解释（或说服），从而明白自己就是问题所在，下级也同时认识到这一点。

在另一种缺少沟通的传统组织氛围中，类似的方法如绩效考核尤其是考评面谈能够发挥作用。绩效考核是当今大型组织的通行做法（只有日本大型组织中的晋升和薪资取决于资历，绩效考核没什么用）。我们知道，多数人都想了解自己居于什么位置。的确，组织成员最常见的抱怨之一就是，他们的工作得不到评估，到底是好是坏也没人告诉他们。

评估表格可以填得很完美，但考评者应与下属讨论其绩效的考评面谈却几乎从未得到落实。只有少数组织是例外，能够将绩效考核当作沟通工具而非评级机制。这就意味着绩效考核应从下述问题开始："这个人擅长做什么？"然后问："嗯，既然这样，他应该能够把什么做好？"随后继续问："为了使他发挥最大潜力取得最大成就，他必须学习什么，应得到什么帮助？"这首先关注的是特定的成绩，即员工自己可能清楚地感知到的事情，并且非常乐意这么做，同时也关注员工自己的愿望、价值观和要求。弱点被视为员工本来能做好和想要做的工作的限制因素，不再仅仅是员工本人的缺点。确实，这种考评方法的恰当结论并非"员工应该做什么"，而应该是"组织和考评者以及他的上司应该做什么"；不是"这次向员工传达什么"，而应该是"我们双方，即上级和下级之间沟通了什么"。

这只是些例子，并且是关于沟通的一些不值一提的小事。但或许它们证明了我们关于沟通的经验（主要是失败的教训）以及学习、记忆、感知和动机方面的工作经验所得出的结论。

在组织中沟通的开始阶段，必须让预期接收者自身主动尝试沟通。这就需要关注客观而共同的任务和预期接收者的价值观、成绩和愿望。此外，还需要考虑预期接收者是否具备在相关负责岗位任职的经验。

感知受限于能被感知到的事物，并且与人们期望感知的事物相关。换言之，感知以经验为前提条件。因此，组织中的沟通假定组织成员具备接收和感知的经验基础。艺术家能够用象征形式表达这种经验，能够与不具备相关经验的读者和观众沟通。但普通的管理者、行政人员以及专业人员不可能是艺术家，因此，接收者必须具备相关经验，且必须是直接经验而非经由书本等方式得到的间接经验。

沟通需要雇员、专业人士等组织成员最大限度地分担决策责任。因为他们只有具备了相关经验，才能够彼此理解，而不再被动接受他人的解释。

多年前，一位德国工会领导人给我留下了深刻印象，至今仍然难以忘怀。他第一次处理自己以雇员代表身份进入的大公司监理会的审议事务时，就被惊得瞠目结舌。此时他才惊讶地意识到，可用资金的确捉襟见肘，在所有不得不满足的需求方面，确实几乎没有可用资金。在各种投资之间进行痛苦和复杂的抉择，例如使工厂的职工安保设备更新换代还是建造职工住宅提升其健康和家庭生活水平，是一项比他预料的要复杂得多的事务。他以半羞愧半后悔的语气告诉我，最令他震惊的是意识到自己无法在真正重要的事务的决策中扮演积极和负责任的角色。显然他既不愚蠢也不死板，只是缺乏直接经验，无法与其他成员有效沟通。

为家长式作风①辩护的陈词滥调，往往离不开"这是一个复杂的世界，所以需要最了解情况的专家"。但是，我们在认知、学习以及动机方面的努力已经逐渐证明，家长式作风只能在简单环境中发挥作用。人们能理解父亲的所作所为，是因为他们共享一些经验和感知，所以父亲才能真正为他们做决策。在复杂环境中，决策更需要共同的经验。如果没有共同的感知，没有沟通，下级就无法接受决策，更没有能力执行决策。理解能力以先前的沟通为条件，以对意义有相同的理解为前提。

总之，如果我们把沟通视作从"我"到"你"的过程，就无法实现真正的沟通，只有视为从"我们的"一位成员到其他成员时，才能实现真正的沟通。组织中的沟通（并且这可能是我们沟通失败的真正教训，也是沟通所需的真正衡量标准），并不是组织的一种**手段**，而是一种组**织模式**。

㊀ 家长式作风（paternalism），一种态度和行为，通常被理解为出于善意或保护的意图，对个人自由和自治的侵犯。——译者注

第 2 章 | CHAPTER 2

管理的新角色⊖

50 年来,管理理论与实践的主要假设变得越来越不适用,其中一些实际上已经不再有效,事实上已经过时了。另外一些虽然仍适用,但已不够充分,日益沦为次要的、从属的、例外的假设,而非基本的、主要的、普遍性的、能反映管理真实状况的假设。尽管如此,大多数管理理论学者与实务工作者依然把这些传统假设视为理所当然。

一定程度上,正是管理的成功导致了这些假设的不适用和过时。在过去的 50 年里,管理立足于这些假设,取得了**非凡的成就**,其程度甚至超过科学技术的成功。尽管如此,现在管理理论学者和实务工作者遵循

⊖ 1969 年 11 月 5 日,在日本东京召开的第 15 届国际科学管理委员会(CIOS)国际管理会议上的专题演讲。

的这些假设已经因社会、经济以及观念三者各自相互独立（至少是基本独立）的发展而过时，这在发达国家尤其明显。管理者身处的客观现实正在快速发生改变。

各地的管理者都非常清楚管理、组织方面出现的一些新观念和新工具，如"信息革命"。管理本身的变化确实非常重要，但更为重要的也许在于基本现实的改变及其对基本假设的冲击，这些基本假设是管理作为一门学科和一种实践的基石。管理观念和工具的改变会迫使管理者改变管理行为，但现实的改变要求管理者转换角色。观念和工具的改变意味着管理者工作**内容**和工作**方式**的改变；基本角色的改变则意味着我们需要重新界定管理是什么。

传统假设

在过去的 50 年里，**六个基本假设**构成了管理理论和管理实践的基础。当然，实务工作者几乎没有人意识到这些假设的存在。即便是管理学者，也几乎没有人对其进行明确、充分的阐述。但无论是理论研究者，还是实务工作者都默认这些假设，将其作为不言自明的公理，并且都在这些假设的基础上采取行动、构建理论。

这些假设主要讨论下述问题：

- 管理的范围；
- 管理的任务；
- 管理的职位；
- 管理的性质。

假设一，管理是工商企业的管理，工商企业是社会中的特例。

该假设存在于人们的潜意识里，所以人们并没有完全意识到其存在。然而，无论我们是"左翼"，还是"右翼"；是"保守派""自由派"，还是"激进派"，该假设都不可避免地隐含在我们大多数人仍旧认为理所当然的社会观念中，即17世纪欧洲人（主要是英国和法国）创立的社会理论：社会只存在一个组织化的权力中心——国家的政府。政府被认为拥有最高统治权，但内部各机关互相制衡，社会的其余部分基本上由作为社会分子的各个家族构成。依据上述观点，作为一种组织化的社会机构，工商企业确实是一种特例。因此，管理被认为仅适用于经济领域特殊的、非典型的和孤立的机构，即企业。传统观念认为，管理的本质和特性在很大程度上由工商企业业务的本质和特性决定，如果某一特性适用于"工商企业"，那么就适用于"管理"，反之亦然。在某种程度上，这种观点认为经济活动区别于人类的其他所有活动。这种认识可以解释现在一个非常时髦的语言现象：人们提到"经济方面的考虑"就默认为"没有人情味"。

假设二，管理的"社会责任"（即不能被纳入经济计算之内的关切），是强加给管理的限制和束缚，而不是管理固有的目标和任务。基于这种认识，一方面社会责任被看作企业的额外负担，而非管理的日常工作，另一方面也意味着，只有工商企业才需要承担社会责任（因为工商企业是特例）。确实，在传统观念里，大学、医院和政府机关无须承担社会责任。例如，相比于"管理的社会责任"，更常见的说法是"企业的社会责任"。

工商企业是一个特例,这是产生上述观点的根源。大学和医院从一开始就被假定不涉及任何社会责任问题,那是因为它们没有进入传统观念的视野——它们根本就没有被视为"组织"。传统观念认为社会责任仅局限于工商企业,是工商企业特有的责任,原因有两个:第一,经济活动和人类活动有很大区别(真的,甚至可以说,经济活动不是"正常的"人类活动);第二,"利润"是与经济过程无关的因素,而且还被扣上"资本主义"的帽子,人们并没有把利润视为所有经济活动的内在需要。

假设三,管理最基本,可能也是唯一的工作就是组织企业员工完成已知的、确定的任务。检验的标准是完成上述任务的效率以及企业对外部变化的适应情况。虽然已有系统研究,但企业家精神和创新尚未进入管理的视野。

很大程度上,该假设在过去50年中必不可少。当时管理刚刚被人们关注,新情况并不是发达国家过去几百年一直依赖创新和企业家精神,而是传统方法(例如管理作坊和商店的方法)已无法管理结构复杂的大型制造业和商业组织。蒸汽机的发明并没有导致对管理的需要,而是50年后大型铁路公司的出现导致了对管理的关注。因为虽然大型铁路公司能处理蒸汽机车的问题,但很难解决人与人之间的协调、沟通、授权、职责等问题。

只关注管理的经营方面,而几乎完全忽视企业家精神,不把它作为管理的职能,也反映了第一次世界大战结束后50年间的经济现实。当时,新工艺和企业家层出不穷,在这种情况下,相比于创新,人们更需要的是适应;相比于另辟蹊径,人们更需要改善和优化。[1]

德国的实业家或法国的企业主长期以来坚决抵制管理，很大程度上反映了一种语言上的误解。德语或法语中没有词汇准确对应"管理"，这就像英语中没有"企业家"一样（该词汇被引入英语近200年后，仍旧是外语词汇）。在某种程度上，这种抵制源于经济结构的特殊性。例如，德国商业银行的角色，使得实业家重视自治权，强调经营者的"克里斯玛"①魅力，以对抗"管理者"的非人格化职业精神。"管理"在一定程度上是无阶级的，其权威源自客观职能，而不像德国实业家或法国企业主的权威源自所有权或社会阶级。但毫无疑问，欧洲大陆国家抵制"管理"（既作为一个术语，也作为一种观念）的主要原因之一，始终是（主要是潜意识的）管理强调组织内部任务，反对组织外部的、企业家的创新职能。

假设四，无论被看作资源或成本，还是被视为社会问题或个人问题，熟练和非熟练的体力劳动者都是管理关注的重点。

使体力劳动者富有成效是迄今为止管理取得的最大成就。如今虽然泰勒②的"科学管理"屡受攻击（其实，大多数人根本没有真正读过泰勒的著作），但正是泰勒在工作研究方面的持续努力奠定了发达国家民富国强的基础，提高了体力劳动者的生产率，让从前的"苦力"告别了仅能维持生存的微薄收入（由所谓"工资铁律"③决定），摆脱了明天就可能被砸掉饭碗的恐惧，让他们的工作和收入都有了保障，变成工业大生产中

---

① 克里斯玛（charisma），在政治学、管理学中，是指一种具有超凡魅力的领导类型。——译者注
② 泰勒（Frederick W. Taylor，1856—1915），科学管理之父，主张以科学取代经验，以合作取代对抗，将效率与人性统一。——译者注
③ 工资铁律（iron law of wages），关于劳动市场的经济学定律，声称工资长期接近于仅可维持工人生活所需的最低工资额，但被后世的经济发展证伪。——译者注

的"半熟练工人",过上了中产阶级水平的生活。

直到第二次世界大战后期,管理关注的重点依然是体力劳动者的生产率与管理问题;英美两国战时经济取得的核心成就依然是动员、培训和管理了大批制造业工人。即使在战后,也是如此。当时除英国外,其他发达国家都面临大量农业人口迅速进入工业体系的形势。因此,这些发达国家面临一项共同的重大任务,即如何提升这部分体力劳动者的生产率。在这方面,70年前泰勒提出的"科学管理"居功至伟,日本、西欧甚至美国的经济成长和良好表现无不有赖于此。没有"科学管理",这些均没有可能。

假设五,管理起码是一个"学科",甚至也可谓一门"科学"。也就是说,管理和数学运算、物理定律以及工程师的压力表一样,独立于文化价值观和个人信念。但是,所有管理都不可能在真空中运作,都身处不同的民族和国家,扎根于不同的文化,受到法律的限制,是经济体系不可或缺的组成部分。

美国的泰勒和法国的法约尔[一]的理论,都鲜明地体现了该假设。在早期的管理权威中,只有德国的拉特瑙[二]似乎怀疑过这一点,认为管理不是一门独立于文化的学科,但是他的观点并未引起重视。人际关系学派攻击泰勒"不科学",并不是攻击泰勒的前提(存在客观的管理"科学")。相反,人际关系学派声称自己的成果才是真正"科学的"心理学,立足

[一] 亨利·法约尔(Henri Fayol,1841—1925),法国管理学家,最早阐述管理要素和管理原则,开创管理职能学派,代表作《工业管理与一般管理》。——译者注

[二] 沃尔特·拉特瑙(Walter Rathenau,1867—1922),德国实业家,曾任魏玛德国外交部长,1922年被刺杀身亡。——译者注

于"人性",他们甚至拒绝借鉴社会科学同僚(文化人类学者)的研究成果。管理的传统前提根本就不涉及文化因素。文化被视作有待清除的"障碍"。社会进步和经济发展要求人们抛弃"非科学"要素,即文化理念、价值观、传统习俗等。

就像我们的政治、法律、经济理论一样,管理理论与管理实践一直都把民族国家①及其经济体系看成企业的"天然"生存环境。

假设六,管理是经济发展的结果。

这个前提来自西方的历史经验,然而日本不是这样,三井财阀②、三菱财阀③、涩泽荣一创建的各类机构④等伟大组织都先于经济发展而出现,在日本,管理恰恰是经济发展的原因而非结果。管理是如何形成的?即使在西方国家,这个问题的答案在很大程度上也只是臆想。教科书往往言之凿凿地声称(现在还这么说):小作坊扩张到一定规模,老板不能再采取亲历亲为的经营方式时,管理就产生了。事实并非如此,管理虽然逐步发展成型于大企业(仅指规模),但这些企业的规模从一开始就非常庞大,铁路公司是其典型代表,邮政公司、轮船公司、钢铁公司、百货公司也是如此。在那些可以从小规模经营起步的行业,如纺织厂、银行

---

① 民族国家(national state),近现代西方政治学的基本概念,一般是指由某个民族统治的典型主权国家,在欧洲中世纪教权扩张的背景下强调主权,19 世纪以来成为基本的政治单位。——译者注
② 三井财阀,始于三井高利(1622—1694)1673 年创办的"越后屋吴服店",第二次世界大战前是日本最大的财阀,战后被迫解体。——译者注
③ 三菱集团,始于岩崎弥太郎(1834/1835—1885)创立的三菱商会,第二次世界大战后被迫解体,但仍以三菱集团的形式延续。——译者注
④ 涩泽荣一(1840—1931),日本实业家、管理思想家,创建多家企业和非营利组织。——译者注

等，管理出现得特别晚，这些行业一般都采取老板事必躬亲的经营方式，最多会雇用若干"帮手"，这种情形直到现在也没有太多改变。尽管面对上述事实（而且法约尔和拉特瑙显然已经意识到，管理是一种职能，而非企业发展到某种阶段的产物），管理依然被广泛认为是一种结果、一种为满足某种需要而做出的被动反应，而非创造机遇的积极因素。

我很清楚，上述论述显然过于简单化了。但同时我坚信自己没有曲解管理的传统假设。这些假设如今依然是管理理论与管理实践的基础，在发达工业国家尤其如此。

新假设

现如今，我们需要几乎完全不同的前提假设。这些假设也是高度概括化的，当然也会显得过于简单化，但相比于传统假设（过去50年管理实践的基础），它们更加贴近当今的现实。

这是管理领域首次有人尝试概括符合当今时代现实的基本假设。

假设一，在发达国家，任何一项重要社会目标都通过组织有序的管理型机构来完成，或者在这类机构内部完成。工商企业只是因为出现得最早才成为典型，这其中有历史的偶然。虽然工商企业承担着独特的任务（生产销售产品和服务），但工商企业并非特例。实际上，大型组织是普遍情况而非特例。当今社会由多元组织构成，不再是家族的简单累积与叠加。管理不是某种特例（工商企业）的孤立特质，而是一种通用的核心社会职能。[2]

最近出版了一本有趣的书，把管理和马基雅维利㊀的经典观点联系在一起，认为管理其实是一种治理。³当然，这算不上全新观点。例如，在1941年出版的畅销书《管理革命》中，作者詹姆斯·伯纳姆㊁的观点显然早于现在这本书。我早年的三本著作——《工业人的未来》（1942）、《公司的概念》（1946）⁴和《新社会》（1950），对此也有详细论述。布兰代斯㊂大法官早在第一次世界大战前就洞悉了这一点，为泰勒关于体力劳动的研究创造了一个新名称——科学管理。自约翰·康芒斯㊃起，美国的产业经济学家就十分清晰地认识到，工商组织是一种治理形式，当时正值19世纪末20世纪初，同一时期，不晚于1920年，欧洲大陆的沃尔特·拉特瑙同样十分清晰地认识到了这一点。

但我们还面临一些新情况，越来越多的非工商组织正在学习企业的管理经验。医院、军队、天主教会、公共行政部门等，都在学习和应用工商管理。第二次世界大战后英国首届工党政府为了阻止英格兰银行㊄像企业那样经营，对该银行实行国有化政策。但后来，新一届工党政府却在1968年聘请了一家美国管理咨询公司（麦肯锡公司）帮助改组英格兰银行，以确保其像企业一样管理。

㊀ 马基雅维利（Machiavelli，1469—1527），意大利文艺复兴时期政治思想家，将政治与道德分离，代表作《君主论》。——译者注
㊁ 詹姆斯·伯纳姆（James Burnham，1905—1987），美国政治理论家，1941年出版《管理革命》，详细阐述了对管理精英等问题的看法。——译者注
㊂ 布兰代斯（Brandeis，1856—1941），美国最高法院大法官，支持进步主义，反对垄断。——译者注
㊃ 约翰·康芒斯（John R. Commons，1862—1945），制度经济学的开创者之一，是威斯康星州进步主义改革运动的中心人物。——译者注
㊄ 英格兰银行（Bank of England），英国中央银行，1694年成立，1946年被收归国有。——译者注

这并不意味着非工商组织能够照搬工商管理。相反，这些组织首先必须要向工商企业学习的是：管理始于目标设定。因此，非工商组织（如大学和医院）的管理和工商管理是不同的。但如今这些组织正在将工商管理视为典范。在工商企业管理方面，我们已做了很多研究，在非工商组织的管理方面，我们同样要做相关研究，要迎头赶上，如对政府机构的管理。工商企业绝对不是特例，工商企业只不过是出现最早，我们对此研究得最多而已。管理是通用的，不是特例。

实际上，工商企业管理最突出的特征向来是从经济角度（即利润率）衡量成果，现在成为所有组织机构的典范，树立了一个衡量资源配置到成果领域和管理决策合理性的客观外在标准。就像利润率用于工商企业一样，非工商组织也需要类似的衡量标准。罗伯特·麦克纳马拉[一]担任美国国防部长时进行过相关尝试，运用"成本－效益"方法，对比实际成果与最初承诺和预期，以有计划、有目的、持续地衡量项目成效，并将此作为预算和决策的基础。换言之，在多元化的组织社会中，"利润率"不再是"例外"，并非与"人性"或"社会"需求格格不入，而是所有需要管理、能够管理的组织机构的根本衡量标准。[5]

假设二，我们的社会正快速转变为组织社会，因此包括工商企业在内的所有组织都不得不为人们的"生活质量"负责，不得不遵循社会基本价值观、基本信念和基本宗旨，并将其作为持续性正规业务的一个主要目标，而不是限制（或超出）正规主要职能的"社会责任"。所有组织将必须学会把"生活质量"转变为完成自身主要任务的机会。对于工商

[一] 罗伯特·麦克纳马拉（Robert McNamara，1916—2009），先后担任福特汽车公司总经理、美国国防部长、世界银行行长，任国防部长期间大力推行计划项目预算制（PPBS）。——译者注

企业而言，这意味着日益提高的"生活质量"必须被视为商机，必须被管理层设法转变为有利可图的业务。

本假设同样适用于个人的自我实现。今天，我们最常接触到的社会环境就是组织。家族是"私人的"而不是"社区"——这并不是说家族不重要。"社区"越来越被纳入组织的范围，尤其是个人借以谋生、发挥功能、获取成就与社会地位的组织（关于这一点，请参见我的《新社会》，伦敦：1950年）。帮助个人实现自我价值和理想抱负，进而激发组织活力，提升组织绩效越来越成为管理者的工作。到那时，仅仅是没有不满的"满意"（这是劳资关系和人际关系领域一直以来采用的标准）将远远不够。也许戏剧化的说法应该是，未来10年内，我们将日益弱化使个人适应组织要求的手段（即"管理发展"），而日益强化使组织适应个人需要、抱负和潜力的手段（即"组织开发"）。

假设三，无论在发达国家还是发展中国家，企业家创新对管理的重要性将不亚于管理方面的职能。实际上，企业家创新在未来几年可能会变得更重要。不像19世纪，企业家创新将越来越多地在现有机构中开展，由工商企业等现有机构来实现。因此，企业家创新再也不可能被置于管理之外，甚至也不能被置于管理的边缘。企业家创新将必须成为管理的核心。

我们有充分的理由相信，[6]20世纪的最后几十年中会发生和1860～1914年间一样的巨变。在那50年间，每隔两三年，一项重大发明就会直接催生一个新行业以及新的大型企业。与19世纪不同的是，20世纪技术创新与社会创新并重。例如，大都市给当今创新者带来的挑战犹如新兴电力科学给1870年创新者带来的挑战。19世纪的创新往往仅立足于科学，20世纪的创新将越来越立足于各类知识。

同时，即使仅仅因为每个发达国家的税法导致现有企业成为资本集聚中心，创新也将越来越必须在企业内部开展，或通过企业来进行。创新又恰恰是资本密集型的，在创新的开发阶段和新产品、新流程、新服务的市场推广阶段尤其如此。因此，我们必须越来越多地学习让现有组织具备快速、持续创新的能力。我们离这个目标还有多远，从管理层仍在担心"抵制变革"就可以看出。现有组织将必须学会把变革视为机遇，拒绝墨守成规。

假设四，未来几十年，发达国家各类组织管理者的首要任务将越来越聚焦于使知识富有成效。体力劳动已经成为"明日黄花"，这方面需要我们继续努力完成的，只剩下些效果不大的修补工作。今后，知识工作者将是发达经济体的基本资本来源和基础性投资，当然也是成本中心。知识工作者运用经由系统教育获得的观念、思想、理论进行工作，而不是依靠技能或体力从事工作。

泰勒将知识应用于工作之中，使体力劳动者的工作富有成效。但泰勒从没有思考过下述问题：是什么构成了他自己（提出并应用"科学管理"的工业工程师）的"生产率"？通过泰勒的工作，我们能够知道体力劳动者的生产率是什么，但我们仍旧不能回答工业工程师或任何其他知识工作者的生产率是什么。衡量体力劳动者生产率的标准，如单位时间或单位薪酬的产出，完全不适用于知识工作者。如果工程部绘制的是一款滞销产品的图纸，那么无论工程部动作如何迅速、工作如何勤勉、图纸如何精致，都是没有用处且没有成效的。换句话讲，知识工作者的生产率主要在于质量，对此我们目前尚无法准确定义。

但有一点是确定无疑的，如同应用"科学管理"给以体力劳动为主的工厂带来巨变，使知识富有成效也将改变岗位结构、职业生涯以及相关组织。最重要的是，为了使知识工作者富有成效，他们入职后的第一份工作必须彻底改革。因为大量证据表明，除非知识工作者知道自己是谁、适合什么样的工作和如何工作，否则工作就不会富有成效。换言之，在知识工作中，"执行"与"计划"不可分割。相反，知识工作者必须能够自己制订"计划"。总体来看，当前知识工作者的第一份工作并不具备该特点，它们都基于下述假设：对任何类型的工作而言，局外人都能够客观地确定一种"最佳工作方法"。该假设对体力工作有效，但并不适合知识工作，与知识工作的性质严重不符。知识工作也许存在"最佳工作方法"，但是所谓的"最佳工作方法"很大程度上取决于个人，而不是完全取决于身体状况、精神状态或岗位特征。知识工作的"最佳工作方法"可谓变幻无常。

假设五，管理工具、管理技术、管理理念、管理原则，共同的管理语言都是存在的，而且也存在一般管理"学科"。当然，也确实存在一种被我们称作"管理"的世界通用的职能，为所有发达社会的共同宗旨服务。但管理还是一种文化和价值观念体系，意味着经由管理，社会的价值观念能够变得富有成效。实际上，管理也许更应该被看作一座连接"文明"和"文化"的桥梁，一端是日益全球化的"文明"，另一端是代表着不同习俗、传统、价值观和信念的"文化"。管理必须成为一种工具,以便让多元文化更好地服务于共同的人类文明。同时,管理实践越来越超越单一的民族文化、法律或主权范围,成为"多国的"共同事务。确实,管理正日益成为一种(迄今是唯一一种)真正的世界经济体制。

现在我们知道的管理,必须使个人、社区、社会的富有成效的价值观、愿望和传统服务于共同的有效目标。换句话说,如果管理不能成功地使某个国家或某国人民的文化遗产发挥作用,那么其社会和经济就难以发展。这当然源自日本的宝贵经验。早在一个世纪之前,日本就成功地让自己的社区传统和个人价值服务于现代工业国家的新目标。这正是日本成功,而其他非西方国家至今还没有成功的奥秘所在。换句话讲,管理必须被视为既是一门科学又是一门人文学科;既是能被客观检验和验证的结果陈述,又是一种信念和经验体系。

同时,管理(此处仅指工商管理)正迅速成为唯一一类普遍存在的,超越民族国家界限的体制。当然,到目前为止真正的跨国公司还不存在。总体而言,目前存在的还只是些以某个国家为基地的公司——员工(特别是最高管理层)具有相同的文化背景,甚至具有相同的国籍。但同样明确的是,这只是一个过渡阶段。世界经济的持续发展,必然要求并孕育真正的跨国公司,不仅其产品和销售是跨国的,其所有权和管理层也是跨国的,整体来看各领域都是跨国的。

在部分国家(尤其是发达国家),工商企业正在迅速丧失我们所知的"特例"身份,因为我们已认识到,它是需要管理的组织机构的原型,已成为当今普遍的、典型的社会形态。然而,在国界之外,企业又迅速重回已在某些发达国家丧失的特例身份，变为独特的、异常的机构，代表着世界经济和知识社会的现实。

假设六，管理创造经济和社会发展。经济和社会发展是管理的结果。

可以毫不夸张地讲，没有"欠发达国家"，只有"欠管理国家"。100年前的日本，无论从哪个方面看都是一个欠发达国家。但是，日本孕育了大批极具竞争力的管理者，甚至堪称卓越。在短短25年内，明治时期的日本就成为一个发达国家。甚至在某些方面（如识字率）日本在所有国家中首屈一指。我们今天意识到，是明治时期的日本，而非18世纪的英国，更非19世纪的德国应该成为欠发达国家发展的楷模。这就意味着，管理是重要的原动力，而发展是其结果。

我们全部的经济发展经验都证明了这一点。当只提供经济类"生产要素"，特别是只提供资本的时候，各国并没能获得发展。却有若干案例，因为发挥了管理的作用，所以取得了快速发展，如哥伦比亚考卡省[7]的案例。换言之，发展更加依赖人而非物质资源。管理的使命就在于培育和指导人们发挥作用。

无可否认，上述新假设确实过于简化；而且也应该如此。但是我认为，相对过去50年用来指导管理理论和管理实践的传统假设，这些假设能够更好地指导发达国家现在尤其是未来的管理工作。我们并不是要抛弃过去的任务，显然我们仍然必须管理正在发展的企业，理顺内部秩序，完善组织机制。我们依然必须管理体力劳动者并使他们的工作富有成效。在了解管理现状的人中，估计没人敢断言自己了解管理及相关领域的一切。我们还远远没有达到这一点。崭新的现实带给管理严峻的挑战和艰巨的任务，需要我们采用新的理论和实践去回答和解决，这一切都需要新假设和新方法。

比这些新任务更加重要的，也许是管理的新角色。管理正在迅速成为发达国家的核心资源以及欠发达国家的基本需求。原先，管理和管理者只受到社会中的经济机构关注；如今，管理和管理者日益成为发达社会普遍的、独特的、基本的"器官"。管理是什么？管理者都做些什么？未来，这两个问题将不只引起"专业人员"的关注，很可能还会引起公众的关注。管理将越来越多地关注基本信念和价值观的表达，而不仅仅是取得可衡量的成果；管理将越来越多地代表一个社会的生活质量，而不仅仅是谋生标准。

未来，我们必须学习使用很多新管理工具，掌握许多新技能。正如本文所指出的，管理也将面临大量艰巨的新任务。但是，管理将要遭遇的最重要变化是：发达国家的理想、价值观，甚至生死存亡都日益系于管理者的绩效、能力、热情和价值观。我们下一代人的任务是：为实现个人、社区和社会的目标，使新多元主义社会中的新型组织机构富有成效。这也是管理的首要任务。

注　释

1. 参见德鲁克：《不连续的时代》(*The Age of Discontinuity*)，1969 年版。

2. 关于新多元主义，请参见德鲁克：《不连续的时代》的第三部分：组织社会。
3. Anthony Jay: *Management and Machiavelli* (London: Hodder and Stoughton, 1967).
4. 英国版的书名为《大企业》(*Big Business*)。
5. 这也可以解释为什么苏联及其欧洲的卫星国也很快地重新使用利润、利润率等作为分配的衡量标准。
6. 参见德鲁克：《不连续的时代》。
7. 参见德鲁克：《不连续的时代》。

CHAPTER 3 | 第 3 章

工作与工具[1]

因为人类能制造工具，所以在所有生物中只有人类能够实现有目的的、非有机性进化。达尔文进化论的共同发现者艾尔弗雷德·华莱士[2]的上述观点，即使算不上老生常谈，也无疑是显而易见的。这是一个非常深刻的洞见，尽管已经有七八十年的历史，但生物学家和技术专家似乎仍未仔细思考其具有的启示意义。

从生物学家（或历史学家）的观点出发得到一个启示，技术专家从物质的人工制品视角界定工具是相当狭隘的。语言也是一种工具，并且所有抽象概念都是工具。这并非意味着技术专家的定义应该被抛弃，毕

---

[1] 首次发表于 1959 年冬《技术与文化》(Technology and Culture)。
[2] 阿尔弗雷德·华莱士（Alfred R. Wallace，1823—1913），英国地理学家、人类学家，代表作《马来群岛》。——译者注

竟所有人类学科都立足于同样武断的划分。但这确实意味着技术专家应该意识到定义的武断性，进而小心地避免其成为人们获取和理解知识的障碍。

我确信这一点与技术史密切相关。根据技术专家对"工具"的定义，算盘和指南针无疑是技术，而乘法表和对数表就不是。然而，这种武断的划分使人们几乎不可能理解数学技术发展等议题具有的重要性。同样，技术专家将艺术排除在其视野之外，使技术史学家难以理解科学知识与技术之间的关系（参见辛格[一]主编的巨著《技术史》第三卷和第四卷）。至少在西方国家，科学思想和知识早在与机械工艺产生联系之前很久，就已经与艺术结合在一起了：这体现在哥特式[二]主教座堂的数量数学理论中、[1] 文艺复兴时期绘画的几何光学知识中或者宏伟的巴洛克建筑[三]的声学原理中。林恩·怀特[四]在近年发表的几篇文章中指出，要理解中世纪机械设备的发展历史，我们必须要理解圣本笃[五]最早提出的劳动尊严和神圣等非机械和非物质的新思想。

技术专家将技术界定为机械性的人工制品，甚至在该定义自身内部，华莱士的洞见也具有非常重大的意义。根据《技术史》的序言，技术的目的是"如何做事或如何制造东西"；据我所知，大多数该领域的学者都

[一] 辛格（Charles J. Singer，1876—1960），英国技术史学家，主编《技术史》。——译者注
[二] 哥特式建筑，12~16世纪流行，整体风格为高耸削瘦，对后世其他艺术有重大影响。——译者注
[三] 巴洛克建筑，源于17世纪的意大利，利用规则的波浪状曲线和反曲线赋予建筑以动感。——译者注
[四] 林恩·怀特（Lynn T. White, Jr. 1907—1987），美国历史学家，1960~1962年任技术史学会主席，代表作《中世纪的技术与社会变革》。——译者注
[五] 圣本笃（St. Benedict，480—547），意大利罗马公教教士、圣徒，本笃会的会祖，529年撰写《本笃会规》。——译者注

同意该观点。但华莱士的洞见引出了一个不同的定义：技术的主旨将是"人们如何做或如何制造"。至于技术的意义或目的，作者在同一篇序言中提出了一个普遍的观点，认为是"对人类面临的自然环境的征服"。哦，不，华莱士会说（用使人惊讶的语调来说）：技术的目的在于克服人类自身天然的，即动物性的局限。技术使人类这种陆地上的两足动物，即使没有鱼鳃、鳍、翅膀，却依然能够在水中遨游，在天空飞翔；使人类这种身体保温能力很差的亚热带动物，能够在所有气候带生存；使灵长类中力量最弱、速度最慢的动物拥有了大象或公牛般的力量、不亚于骏马的速度；使人类的寿命从"自然的"20来年延长至60～70年；甚至使人类忘记了自然死亡的真正含义是死于捕食者、疾病、饥饿或事故，而人类所谓的自然死亡是在野生动物身上从未有过的：死于年老体衰。[2]

人类经历的上述发展，当然会对自身所处的自然环境产生影响——虽然我认为直到近些年，这种影响是非常轻微的。但人类对自然环境的影响是附带产生的。真正关键的是所有上述发展都改变了人类的生物能力，且这种改变并非通过生物进化过程中随机性的基因突变，而是通过有目的的、非有机性进化得以实现，我们将这种方式称为技术。

前文我提出的"华莱士洞见"是指，从人体生物学视角出发会得出结论，技术并非工具、工艺或产品。技术与工作有关，经由特定的人类活动克服残酷的生物学定律约束，而这些定律迫使所有其他动物将所有时间和精力用于确保自身活到明天（如果不是下一个小时的话）。顺便说一下，从其他视角出发也会得出同样的结论。例如我们从文化人类学的"文化"视角也同样没有误将技术仅当作物理现象。也许我们可以将技术定义为人类对物质对象采取的行动或一系列以服务人类目标为特征的物质对象。无论哪种方式，技术研究的范围和主题都是人类的工作。

对技术史学家而言，该思路并不是对定义吹毛求疵。因为这会进一步推论出，即使是技术发展和技术史研究，甚至把技术最狭窄地界定为对特定机械部件（工具或产品）或特定流程的研究，也只有在理解了工作及其历史发展之后才能富有成效。

可用的工具和技术不仅必然强烈影响人们能做什么工作和将做什么工作，还会影响开展工作的方式。工作及其结构、组织和观念，一定会对工具、技术及其发展产生强烈的反作用。我们能够想象，这种影响非常强烈，以至于如果不理解技术与工作的关系，就无法理解工具和技术的发展。现有的全部证据都支持上述推论。

自 75 年前的泰勒开始，人们尝试系统地研究和改进工作。在那之前，人们一直认为工作是无须探究的（显然，大多技术学者仍然认为工作是无须探究的）。泰勒的努力被误导性地称为"科学管理"（"科学的工作研究"应该会是一个更好的词汇，能够避免大部分误解），并不关心技术。确实，科学管理把工具和技术作为主要的既定前提，试图使个体工人更经济地、更系统地、更有效地操作这些工具和技术。然而，这种方法几乎立刻带来了工具、流程和产品的重大变革与发展。以传送带为特征的流水生产线是一个重要的工具变革。意义更深远的是流程方面的变革，即从制造产品转变为组装产品。今天，我们开始看到泰勒的工作给个体业务操作带来的又一深远影响：从围绕着做事来组织生产转变到围绕物品和信息的流动来组织生产，我们称这种新的生产方式为"自动化"。

对工具和技术类似的直接影响可能起因于近期另一种工作研究及改进的途径：该途径有多种称呼，"人体工程学""工业心理学""工业生理学"等。科学管理及其继承者研究作为操作的工作；人类工程学及其相似学科关注的是技术与人体解剖学、人类感知、人类神经系统、人类情感之间的关系。疲劳研究是最早，也是最广为人知的例子；对感官知觉和反应的研究，例如研究飞行员的感官知觉和反应，就像研究学习一样，都是当下最热门的领域。此处我们甚至没有涉及上述研究的皮毛，然而我们已经知道，这些研究使我们在测量和控制工具的理论和设计方面发生了重大变化，并导致我们重新设计传统技能、传统工具和传统流程。

但是，显然在将工作系统化之前很久，人类就一直在工作，只不过需要经过反复试错。科学管理的最佳例子是字母表，显然这并非产生于20世纪。在人类文明初现曙光的时期，流水生产线的工作观念已经被那些无名天才理解，他们用装备统一、几乎没有重复性的动作，以及经过严格训练的步兵战士取代原有的贵族战争艺术家——荷马⊖在著作中描绘了他们的最后荣光。人类工程学的最佳例子是把镰刀改为长手柄的钐镰，随后持续地调整收获方式，以适应人类早已开始的从蹲着的四足动物到站立的两足动物的进化，上述工作领域的每一项发展都迅速对作为人工制品的技术，即工具、流程和产品产生了深远影响。

对技术带来最大影响的可能是工作的组织层面，这一点我们知道得最少。

就我们现有的任何人类记录来看，工作一直都既是个人性的又是社

⊖ 荷马（Homer），相传为古希腊的游吟诗人，创作了《荷马史诗》。——译者注

会性的。有史以来最彻底的集体主义社会出现在秘鲁的印加帝国①，但它没能成功地彻底实现工作的集体化；技术（尤其是工具、陶器、纺织品和崇拜偶像的制造）仍然是个人性的工作。那是个人的专业化，而非蜂巢或蚁穴中的工作表现出的生物性或社会性专业化。最彻底的个人主义社会、最完美的古典经济学市场模型，都以无数关于法律、货币、信用和交通等方面的集体组织为先决条件。但恰恰由于个人努力和集体努力需要不断互相协调，所以工作组织并不是一成不变的。在很大程度上，工作组织确实存在替代物，也就是说人们可以进行选择。换言之，工作组织本身就是人类特有的有目的的、非有机性进化的主要方式之一，其本身就是人类的一种重要工具。

只是在最近几十年，我们才开始认真看待工作的组织。[3] 但我们已经了解到任务、工具以及工作的社会组织并非彼此完全独立，而是相互影响、彼此交织。例如，我们知道，纽约女性服装产业的前工业技术，几乎不是技术的、经济的或市场条件发展的结果，而是该产业开展工作的传统社会组织的产物。相反的情况也得到了证实，例如，当我们将特定工具引入机车制造厂后，传统的工作组织、工艺组织都会变得过时；并且在旧技术条件下使人们高效工作的组织，在新条件下反而成了生产的主要障碍。

工作的组织、任务、工具之间的相互关系必然会一直存在。人们甚至可以进一步推测，古人早期引进陶工旋盘②和后来引进手纺车③之间之

---

① 印加帝国（Inca Peru），11~16世纪南美洲的帝国，1533年被西班牙人与原住民盟军征服。——译者注
② 陶工旋盘（potter's wheel），最早出现于公元前4500年左右的中东地区。——译者注
③ 手纺车（spinning wheel），最早出现于公元500~1000年的印度。——译者注

所以存在神秘的时间间隔，原因就在于纺纱采取团体工作的组织形式，而制陶是一项个体工作，《荷马史诗》对女主人与女儿、女仆的合作纺纱进行了精彩描述。手纺车要求个人的注意力集中于机械及其速度，不利于自由的人际交往；甚至从更纯粹的经济视角来看，勤劳的纺织工人在政治、训练和教育方面的收获显然要比更快地制造更干净的纱线更有价值。

如果我们对科学地工作及其组织知之甚少，那么我们也会对其历史一无所知。并不缺少对这一点进行解释的记录，至少在信史时期有很多。伟大的作家们（如赫西奥德㊀、阿里斯托芬㊁、维吉尔㊂）留下了许多详细描述。关于中世纪巅峰时期㊃的早期帝国及其后的 700 年历史，我们拥有大量的图形资料：陶器、浮雕画、木刻、蚀刻、印刷品，唯一缺乏的是专业人员的关注及客观深入的研究。

政治史家和艺术史家仍受到希腊式偏见的支配，往往把工作置于其注意力之外，误认为技术史是"以物品为中心的"。结果，我们不仅仍然把过去关于工作组织的传统观点作为事实加以重复，认为现有资料和工作组织知识不过是无稽之谈，而且拒绝更加充分地理解已收集的现有有关使用工具的历史信息。

㊀ 赫西奥德（Hesiod），古希腊诗人，大致与荷马处于同一时期，代表作《工作与时日》。——译者注

㊁ 阿里斯托芬（Aristophanes），古希腊喜剧作家，与苏格拉底、柏拉图有交往，代表作《财神》。——译者注

㊂ 维吉尔（Virgil），古罗马诗人，其作品上承《荷马史诗》，对但丁的《神曲》等产生了深远影响，代表作《埃涅伊德》。——译者注

㊃ 中世纪巅峰时期（High Middle Ages），是指欧洲公元 1000~1250 年的历史时期。——译者注

例如，学者们一直对材料运输和材料处理设备缺乏关注。我们知道，搬运原材料（而非制造物品）是生产过程中的核心工作，但几乎从未关注材料运输和材料处理设备的发展。

哥特式主教座堂是另一个例子。汤姆森⊖在《技术史》（第二卷）中直截了当地指出：在中世纪"没有严格意义上的建筑师"，有的只是"熟练的石匠"，但我们有不容否认的相反证据（例如，西蒙斯作品[4]中的概括）能够证明，专业的、经过科学训练的建筑师实际上居于主导地位。他们经过培训，社会地位与熟练的石匠显著不同。正如我们常说的那样，他们是些名人，绝非无名无姓之辈，其活动范围甚至会跨越多个国家，从苏格兰到波兰再到西西里。确实，他们挖空心思要出名以流芳百世，不仅在书面记录中，而且在其设计的教堂中，都以科学的几何学家和设计家的身份留下自己的完整印记（有些事情即使是今天最著名的建筑师也会犹豫）。同样地，我们仍然在重复早期德意志浪漫主义⊜的错误观点，认为哥特式主教座堂⊜是个体工匠的工作成果，但实际上，主体建造必须基于各部分之间的严丝合缝。人们制造模具，并把其当成行会的财产共同拥有和管理。只有屋顶、饰品、门窗、雕像等是个体艺术家的工作。我们掌握的所有资料都证实，鉴于熟练工人的极度匮乏、对当地条件的严重依赖以及非熟练工人来自乡村等原因，在制造零部件的熟练工人和在领班、工头监督下组装零件的非熟练工人之间必须存在严格的分工。因

⊖ 汤姆森（R. H. G. Thomson），英国伦敦国家美术馆科学实验室实验员，撰写了辛格主编的《技术史》第二卷第十一章：中世纪的工匠。——译者注
⊜ 早期德意志浪漫主义建筑流行于18世纪60年代至19世纪30年代，主要表现为模仿中世纪的寨堡或哥特风格。——译者注
⊜ 主教座堂（cathedral），原意为"主教的座位"，是一个教区里主教或者领衔主教的座堂。——译者注

此，当时一定发展出了相当高级的原材料处理技术，我们的资料中确实描述了这一点，但技术史学家由于其不加批判的浪漫主义偏见将其忽略了。并且，虽然人们时常提到工匠使用的模具，但据我所知，迄今为止尚无人专门研究过这种卓越的工具，而这种工具与我们自认为所相信、了解的中世纪工作和技术历史知识完全相悖。

我并非建议放弃关于工具、流程和产品的历史研究。无疑，我们需要了解更多这方面的知识。我的意思是，工作史研究本身是一个范围广、收益大、挑战强的领域，技术史学者们应该做好遭遇困难的心理准备。说到底，如果技术史要成为真正的历史研究对象而非用于满足工程师的好古癖，我们就需要认真研究工作本身。

最后必须要问一个问题：没有对工作的研究和理解，我们如何能指望理解技术？

辛格主编的巨著《技术史》没有深入研究 1850 年后的技术，而是告诉我们，在那时技术已变得过于复杂以致无法全面描述，更无从理解。但恰恰是在那之后，技术开始成为影响人类文化和自然环境的核心力量。说我们无法概述所有现代技术，犹如说胎儿一旦从子宫里出来就不需要医药了。我们亟须一种理论，使我们能够立足于若干基本的、统一的概念把纷繁复杂的现代工具组织起来。

而且，对于一位既不是专业史家又不是技术专家的外行而言，如果没有若干基本概念，似乎古老的技术，甚至那些 100 年前（技术大爆炸前）的技术已经没有任何意义，不仅无法真正理解，甚至几乎不能描述。

每一位技术作家都承认，无数的、各种各样的、异常复杂的因素与技术相互影响：经济体制、立法体制、政治体制、社会价值观、哲学理念、宗教信仰以及科学知识。没人知道所有因素，更不可能在彼此之间不断变化的关系中理清上述因素。然而，特定时刻所有因素都会以特定方式成为技术的一部分。

对这种情况的典型反应当然是时不时宣称某个因素（例如经济或宗教信仰）具有决定性作用。我们知道，这只能导致彻头彻尾的错误。这些因素会产生深刻影响，但并非互相决定；可能它们至多为彼此限定约束条件或创造系列机会。我们也不能根据人类学者的文化概念理解技术，认为其是各因素之间牢固、彻底和有限的平衡。这样一种文化，在与世隔绝的小型原始衰败部落中可能存在。但这也恰恰是它们处于小型、原始、衰败状态的原因。任何有活力的文化的特征是，在量级和方向两个维度上，内部各要素及其相互关系具备自发孕育变革的能力。

换言之，技术必须被视为一个系统，[5] 即一个相互关联、相互沟通的部分和活动的集合。

只有我们拥有一个统一的核心，系统内**所有**力量和要素围绕这一点相互作用并显示出明显的效果，系统的复杂性能够在一个理论模型中得以理清，我们才能研究和理解这样一个系统。工具、流程和产品显然不能提供用以理解我们称之为技术的这一复杂系统的核心。然而，仅仅是存在可能性，工作可能提供这个核心，它可能整合所有这些相互依赖的自变量，提供一个统一的概念，使我们既能够理解技术本身及其在价值观、机构、知识、信念、个体、社会等方面扮演的角色和发挥的作用，又能理解技术与它们彼此之间的相互关系。

今天，这样的理解是至关重要的。我们这个时代最宏大，或许最关键的事件就是在西方技术的侵蚀下，多数非西方的社会和文化正在消亡。然而，我们没有办法分析这个进程，也无法预测这对人类及其制度和价值观会产生什么影响，遑论加以控制。换言之，我们无法在任何程度上确保说，需要做什么才能够使得这一重大变迁富有成效，或者至少让人可以忍受。我们极度需要切实地理解技术，需要一个真正的技术理论和技术模型。

历史从来都不仅是对死去的和消失的事物进行盘点（的确，那是好古癖）。真正的历史总是旨在帮助我们理解自身，帮助我们做该做之事。恰如我们期望政治史家帮助我们更好地理解政府，艺术史家帮助我们更好地理解艺术，所以我们有权利期望技术史学家帮助我们更好地理解技术。但除非他自己拥有一些技术概念而不仅是一堆个人工具和人工制品，否则他如何才能帮助我们理解呢？如果技术及其历史研究的焦点是工作而非工具，那么技术史学家能发展出相关的概念体系吗？

注　释

1. 当 S. B. Hamilton 论述哥特式教堂建筑及其赞助人时，他只是说出了技术专家的普遍观点（见辛格：《技术史》，第四卷），"就什么是美丽的而言"没有"任何证据表明任何一方受到任何理论的指导"。然而我们非常容易获得充分的相反证据，建筑师和赞助人不仅仅"被指导"，他们实际上完全被关于结构和美的数学理论迷住了。参见 Sedlmayr, *Die Entstehung der Kathedrale* (Zürich, 1950); von Simson, *The Gothic Cathedral* (London: Routledge and Kegan Paul, 1956)；尤其是最伟大的教堂设计师之一——圣丹尼斯的阿伯特·苏歇（Abbot Suger of St-Denis）的直接证言，参见 *Abbot Suger on the Abbey Church of St.-Denis and its Art Treasures*, ed. Erwin Panofsky (Princeton, 1946).

2. 参见英国生物学家 P. B. Medawar 爵士的 "Old Age and Natural Death",出自其著作 *The Uniqueness of the Individual*,伦敦:Methuen,1957 年。

3. 在所有研究者中,应该提及埃尔顿·梅奥的著作,他刚开始在澳大利亚,后来到美国哈佛大学,尤其需要关注他的两本著作:《工业文明的人类问题》(波士顿,1946)和《工业文明的社会问题》(波士顿,1945);法国社会学家乔治·弗里德曼(Georges Friedmann)的研究,尤其是他的《工业社会》(Glencoe: Free Press, 1964);在耶鲁大学,查尔斯·沃克(Charles R. Walker)及其团队从事这方面的研究,尤其是沃克与罗伯特·盖斯特(Robert H. Guest)合著的《流水生产线上的人》(剑桥,马萨诸塞州:哈佛大学出版社,1952)。据我所知,波兰科学院也在从事工作组织方面的研究,但我未能获得任何准确资料。

4. O. G. von Simson, *The Gothic Cathedral* (London: Routledge and Kegan Paul, 1956).

5. 该词在此处的用法引自肯尼斯·博尔丁(Kenneth Boulding)的《一般系统理论:科学纲要》,引自《管理科学》第二卷第三期,1956 年 4 月,第 197 页,以及一般系统研究协会(Society for General Systems Research)出版的著作。

CHAPTER 4 | 第 4 章

20 世纪的技术发展趋势[一]

20 世纪，技术活动在结构、方法和范围等方面都发生了变化。技术之所以崛起为战争与和平的核心要素，并且在短短几十年内拥有了重塑全人类生活方式的能力，原因就在于上述质变，而不是工作量的剧增。

具体而言，20 世纪技术活动的质变包括既相互独立又紧密联系的三个方面：

第一，结构变化——技术活动的职业化、专业化和制度化；

第二，方法变化——技术与科学的新型关系、系统化研究的出现、新的创新理念；

[一] 首次出版于 Melvin Kranzberg、Carroll W. Pursell, Jr. 编辑的《西方文明中的技术》(*Technology in Western Civilization*)（第二卷），纽约：牛津大学出版社，1967。

第三,"系统方法"。

三者是同一个基本趋势的不同侧面。技术已经成为前所未有的事物——一个组织化的、系统化的学科。

结构变化

整个 19 世纪,技术活动尽管取得了极大成就,但在结构方面几乎完全是长期以来的老样子:一门手艺。世界各国几乎人人都在实践这种做法,他们没受过多少正规教育,通常独自开展工作。到 20 世纪中叶,技术活动已转变为彻底的职业化事务,通常以专门的大学培训为基础。并且很大程度上技术活动已经实现了专业化,在专门从事技术创新的组织机构(研究实验室,尤其是工业研究实验室)中开展。

这些变化的每个方面都需要简要讨论一下。首先,在 19 世纪从事技术活动的主要人物中,只有很少人受过系统的教育。典型的发明家往往是在 14 岁甚至更小的时候从学徒起步的机械师。几乎没人上过大学,通常也没有受过技术或科学培训,极少数上过大学的人,反而是文科学生,主要接受的是古典文学教育。毕业于耶鲁大学的惠特尼(1765—1825)[一]和摩尔斯(1791—1872)[二]就是典型例子。当然,凡事都有例外。如普鲁士的工程官员维尔纳·西门子(1816—1892)[三]成为电力行业的创始人之

[一] 惠特尼(Eli Whitney),美国发明家,发明了轧花机,提出可互换零件概念,1789~1792 年在耶鲁大学学习。——译者注

[二] 萨缪尔·摩尔斯(Samuel F. B. Morse),美国发明家、画家,发明单线电报系统和摩尔斯电码,1810 年从耶鲁大学毕业。——译者注

[三] 维尔纳·西门子(Werner Siemens),德国发明家、西门子公司创始人,服军役期间对电报技术产生兴趣,发明了不用摩尔斯电码的指南针式电报机。——译者注

一；还有一些受过大学教育的现代化学工业先驱，如英国人威廉·珀金（1838—1907）[一]、德裔英国人路德维希·蒙德（1839—1909）[二]。但总体来看，基于新知识的技术发明和工业发展掌握在工匠与技工手中，他们往往只受过很少的科学教育，但在机械方面极有天赋。这些人往往自认为是机械师和发明家，但不会自认为是工程师、化学家，更不是科学家。

19世纪也是建设技术型大学的时代。在当时主要的技术型高等教育机构中，只有位于巴黎的综合理工学院[三]创立于19世纪之前（该校创办于18世纪末）。到1901年位于帕萨迪纳市的加州理工学院[四]迎来第一批学生时，如今活跃在西方国家的每一所著名技术学院都已经创立。尽管如此，在20世纪初，技术进步的潮流仍然主要由自学成才、未受过专门的技术培训和科学教育的机械师推动。无论是亨利·福特（1863—1947）还是莱特兄弟（威尔伯·莱特，1867—1912；奥维尔·莱特，1871—1948）[五]都没有受过高等教育。

在第一次世界大战期间，受过技术教育、拥有大学学位之人开始占据领导位置，到第二次世界大战时期，这一变化趋势基本完成。1940年以来，技术活动已经主要由受过专业教育并获得过大学学位的人从事。

[一] 威廉·珀金（Sir William H. Perkin），英国化学家、企业家，毕业于伦敦的皇家化学学院。——译者注

[二] 路德维希·蒙德（Ludwig Mond），英国化学家、实业家，曾在海德堡大学学习。——译者注

[三] 巴黎综合理工学院（École Polytechnique），法国最负盛名的科学与工程学院，1794年由蒙格创建。——译者注

[四] 加州理工学院（California Institute of Technology），美国的私立大学，1891年由史路普创建。——译者注

[五] 莱特兄弟，美国航空先驱，现代飞机的发明者，1903年12月17日首次实现持续且受控的动力飞行。——译者注

相关学位几乎成为从事技术活动的前提。事实上，自从第二次世界大战以来，如同把计算机变成可销售产品的多数人一样，那些基于新技术创建企业的人通常并不是物理学、化学、工程学的大学教授。

因此，技术活动已经成为一种职业。发明家成为工程师，工匠成为职业人员。这在一定程度上仅仅反映了最近150年以来西方世界整体教育水平的提高。参照西方社会不同历史时期的相对标准，如今受过高等教育的工程师或化学家的受教育水平，并不比1800年的工匠更高（在一个绝大多数人是文盲的社会中，工匠能够熟练读写）。接受正规教育，并实现职业化的，是当今的整个社会，而不仅仅是技术人员。但技术活动的职业化凸显了技术复杂性的增加和科学技术知识的增长，也证明了人们对技术的态度发生了变化：社会、政府、教育机构、企业都认可了技术活动的重要性。技术活动的职业化需要以科学知识为坚实的基础，最重要的是需要比依靠"天赋"所能造就的更多有能力之人。

其次，20世纪，技术活动也变得日益专业化。通用汽车公司的天才发明家、担任研究部门负责人长达30年的凯特灵⊖是19世纪发明家的典型代表，他专注于发明而不是电子学、卤素化学，甚至也不关心汽车。1911年，凯特灵帮助发明了电子启动器，从而使得门外汉（尤其是女性外行）也能够驾驶汽车。20世纪30年代末，凯特灵把笨拙、费油、沉重、不灵活的柴油机改造为经济、灵活、相对轻便的两冲程柴油机后，结束了自己漫长的职业生涯，而他发明的两冲程柴油机日后成为重型卡车和铁路机车的标准动力装置。在同一时期，他还发明了一种无毒的冷冻化

⊖ 凯特灵（Kettering，1876—1958），美国发明家，发明电子启动器、乙基汽油、DUCO漆等。——译者注

合物[○]，使家用制冷成为可能，现代家电业由此发端；他发明的另一种化合物是四乙基铅，能够防止使用高辛烷值燃料的内燃机发生"爆震"，从而为高性能的汽车和飞机发动机的发明铺平了道路。

这种发明家做派是19世纪技术专家的普遍特征。电力行业的爱迪生和西门子自视为"发明方面的专家"，有机化学之父德意志人李比希（1803—1873）[○]同样如此。甚至少数人表现出了广泛的兴趣，取得了一系列成就，这在今天看来是非凡的（如果不是不专业的话）。例如，乔治·西屋（1846—1914）[○]获得了高速立式蒸汽机、交流电发电、转换和传输，第一种有效的铁路列车自动制动器等多项重要专利。德裔美国发明家爱米尔·贝利纳（1851—1929）[○]对早期电话和留声机技术做出了重大贡献，并设计出最早的直升机模型之一。还有其他人同样表现出上述特点。

这种类型的发明家尚未绝迹，现如今仍有像一个世纪前的爱迪生、西门子、李比希等人那样从事工作之人。宝丽莱公司的传奇人物艾德温·兰德[○]从大学退学后专注于发展偏振光玻璃，后来他的研究范围涵盖照相机设计、导弹、光学、视觉理论、胶体化学等领域。在《美国名人录》[○]中，兰德刻意把自己描绘为一名"发明家"。但是，上述涉足应用科

○ 1928年，凯特灵等人研发出用于制冷的氟利昂，20世纪80年代后氟利昂逐步被淘汰。——译者注

○ 李比希（Liebig），德意志化学家，创立有机化学，被誉为"化肥工业之父"。——译者注

○ 乔治·西屋（G. Westinghouse），美国发明家、实业家，1886年创办西屋公司。——译者注

○ 爱米尔·贝利纳（Emil Berliner），德裔美国发明家，发明了留声机唱片。——译者注

○ 艾德温·兰德（Edwin H. Land，1909—1991），美国发明家，1937年创办宝丽莱公司。——译者注

○ 《美国名人录》（Who's Who in America），美国在世名人的传记辞典，1899年由马奎斯创办。——译者注

学和技术领域之人，并不像 19 世纪的同类人那样位于技术活动的中心。活跃在技术活动中心区域的是在日益狭窄的领域（例如，电子电路设计、热传导、高密度聚合物化学等）工作的专家。

最后，研究实验室的制度化使得上述职业化和专业化卓有成效。研究实验室，尤其是工业研究实验室，已经成为 20 世纪技术进步的主要推动者。新技术越来越诞生于研究实验室，而不再是个体发明人。技术活动正越来越多地成为一种集体努力，在该过程中，实验室里大量专家的知识被用来解决一个共同难题，并致力于一个共同的技术成果。

19 世纪时，传统实验室不过是一个工作场所，其中所需的技术知识是普通技工所不具备的。在产业界，如果有实验室的话，其主要功能一般是检测和安装相关设备。同样，19 世纪政府设立的实验室本质上也是一个从事检测的地方，今天世界各国所有大型政府实验室（如位于华盛顿的国家标准局○）的建立都是出于该原因。在 19 世纪的高等院校中，实验室的主要功能是教学而不是研究。

当今的研究实验室最早出现于德国的有机化学行业。1870 年以来，工业的迅速发展完全依赖于科学在工业生产中的应用。这在当时完全是前所未有之事。然而，即使是那些德国化学实验室，最初也主要用于检测和完善工艺过程，直到 1900 年前后才主要致力于研究工作。1899 年，阿道夫·拜耳○合成阿司匹林（第一种纯合成药物）是研究实验室发展史上的转折点。短短几年时间内，阿司匹林在世界各国取得巨大成功，使

○ 国家标准局（National Bureau of Standards），美国政府机构，1901 年设立，1988 年更名为国家标准与技术研究所。——译者注

○ 阿道夫·拜耳（Adolf von Baeyer，1835—1917），德国化学家，1905 年获诺贝尔化学奖。——译者注

得化学行业认识到专注于研究的技术活动具有重要价值。

整个技术发现史和创新史上最富有成效的研究中心是爱迪生在新泽西州门洛帕克创建的著名实验室,然而该实验室并不完全是一个现代研究实验室。尽管门洛帕克实验室与现代实验室一样完全致力于研究,但它仍旧主要是发明家个人的作坊,而不具备现代工业或大学研究实验室的突出特征——团队合作。爱迪生的许多助手凭借自己的能力后来也成为著名的发明家,例如实用电车的发明人弗兰克·斯普拉格⊖。但他们都是在离开位于门洛帕克的爱迪生实验室之后,才成为卓有成效的技术专家的。在那里的时候,他们只是伟人的助手。

进入 20 世纪之后,现代研究实验室突然出现在大西洋两岸的各国。第一次世界大战之前,德国的化学行业迅速建立起若干大型研究实验室,帮助德国在染料、药品和其他有机化学领域占据全球垄断地位。1900 年后不久,德国还建立了政府资助的大型研究实验室——威廉皇帝协会(现名为马克斯·普朗克协会⊜),该协会的高级科学家和科研团队没有任何教学任务,可以一门心思从事研究。在大西洋的另一边,大约同时期斯坦梅茨(1865—1923)⊜正着手建立第一所现代电力行业研究实验室,即通用电气公司位于斯克内克塔迪市的大型研究中心。相比于大洋彼岸的德国人,斯坦梅茨能够更好地理解该事业的意义,他为通用电气公司研究实验室开创的模式,至今仍然基本上被所有主要的工业和政府研究实

⊖ 弗兰克·斯普拉格(Frank J. Sprague,1857—1934),美国海军军官、发明家,1883 年辞去军职担任爱迪生的助手。——译者注

⊜ 马克斯·普朗克协会(Max Planck Society),德国非营利组织,世界上最重要的基础研究机构之一。——译者注

⊜ 查尔斯·斯坦梅茨(Charles P. Steinmetz),德裔美国电气工程师,促进发展交流电,奠定了电力工业的基础。——译者注

验中心采用。

现代研究实验室的本质不在于其规模。有许多规模非常庞大的实验室为政府或大型企业工作，但也存在大量小型研究实验室，其中的技术人员和科学家人数甚至少于19世纪的研究机构，所以研究实验室的规模和成果之间并没有明显的联系。现代研究实验室与传统实验室的区别在于：

第一，前者专注于研究、发现和创新；

第二，前者汇集了大量不同学科的专业人员，每个人都贡献自己掌握的专业知识；

第三，前者体现了一种全新的技术活动方法论，立足于把科学系统地应用于技术领域。

研究实验室的一大优点是既可以作为"专才"又可以作为"通才"，既可以个人单独开展工作又可以实现团队协作。许多诺贝尔奖得主曾经在美国电话电报公司[一]或通用电气公司的工业研究实验室从事研究工作。同样，现代塑料业的第一块基石——尼龙（1937），由华莱士·卡罗瑟斯（1896—1937）[二]于20世纪30年代在杜邦公司的实验室独自开发。研究实验室提供所需的技术和设备，可以大幅提高个人的研究能力。然而，研究实验室同时也能为完成特定任务组织团队合作，从而打造一个拥有更广泛知识和技术体系的团队，而无论多么具有天赋的个人都不可能在一生中掌握那么多知识和技术。

第一次世界大战前，这类研究实验室还很少见。第一次世界大战和

[一] 美国电话电报公司（AT&T），1877年由贝尔创立，1925年成立贝尔实验室，侧重基础理论研究。——译者注

[二] 华莱士·卡罗瑟斯（Wallace H. Carothers），美国化学家、发明家，发明了尼龙，奠定了氯丁橡胶的基础。——译者注

第二次世界大战中间的时期，研究实验室成为化学、制药、电力、电子等大量行业的标准机构。自从第二次世界大战以来，在工业领域，研究活动变得与制造工厂一样必不可少，并且犹如步兵对于国防、熟练护士对于医学一样，成为相关领域的核心。

方法变化

随着技术活动的结构变化，其基本途径和方法也随之而变。现代技术已经变得立足于科学，采用的方法是"系统化研究"，并且以前的"发明"变成了现在的"创新"。

从历史的视角来看，科学与技术的关系错综复杂，从未被彻底厘清，也没有得到真正的理解。但可以确定的是，直到19世纪末，除了极少数例外，多数科学家都不关注新科学知识的应用，甚至更少注意使知识变得可用所需的技术活动。同样，直到最近一段时期，技术人员往往很少与科学家直接接触，也不认为后者的发现对于技术活动至关重要。当然，科学需要有自己的技术，而且是非常先进的技术，因为科学进步从来都依赖科学仪器的发展。但科学仪器制造商取得的技术进步，通常不会扩展到其他领域，不会给消费者带来新产品，也不会为工匠和产业界发明新工艺。第一个在科学领域之外取得重要成就的科学仪器制造商是蒸汽机的发明者詹姆斯·瓦特㊀。

直到大约75年之后，也就是1850年左右，科学家们才对技术发展

㊀ 詹姆斯·瓦特（James von B. Watt，1736—1819），英国发明家、机械工程师，1776年改良的蒸汽机开始投产，奠定了工业革命的基础。——译者注

和应用他们的发现产生兴趣。第一位成为技术领域重要人物的科学家是李比希，他在 19 世纪中叶发明了最早的合成肥料和一种肉类提取物（至今仍以他的名义在西欧各国畅销）。在 19 世纪 80 年代冷藏技术发明之前，李比希发明的肉类提取物是储存和运输动物蛋白的唯一方式。[一]1856 年，英国的威廉·珀金爵士几乎在完全偶然的情况下独自发现了第一种苯胺染料，并在此基础上迅速建立了一家化工企业。此后，有机化学工业的技术活动往往以科学为基础。

大约 1850 年前后，科学开始对另一个新技术领域产生影响——电气工程。19 世纪对电力科学做出贡献的伟大物理学家，并没有亲身参与把新知识应用于产品和工艺，但当时主要的电力技术专家密切关注科学家的工作。维尔纳·西门子和爱迪生对物理学家法拉第（1791—1867）[二]和约瑟夫·亨利（1797—1878）[三]的工作一清二楚。亚历山大·贝尔（1847—1922）[四]围绕电话展开的工作，基于赫尔曼·亥姆霍兹（1821—1894）[五]在声音复制方面的研究成果。马可尼（1874—1937）[六]发明收音机的工作，立足于海因里希·赫兹（1857—1894）[七]对麦克斯韦[八]电磁波传播理论的实验证实

[一] 1865 年，李比希提出的"肉类提取物"（meat extract）开始上市销售。——译者注
[二] 法拉第（Faraday），英国物理学家，在电磁学和电化学领域中取得重大成就。——译者注
[三] 约瑟夫·亨利（Joseph Henry），美国科学家，先于法拉第独立发现电磁感应定律。——译者注
[四] 亚历山大·贝尔（Alexander G. Bell），美国科学家、发明家，1877 年创办贝尔电话公司。——译者注
[五] 赫尔曼·亥姆霍兹（Hermann von Helmholtz），德国哲学家、科学家，在生理学、光学、电学、数学、气象学等领域中均有重要贡献。——译者注
[六] 马可尼（Guglielmo Marconi），意大利物理学家，1896 年发明无线电报，1909 年获得诺贝尔物理学奖。——译者注
[七] 海因里希·赫兹（Heinrich Hertz），德国物理学家，证实了詹姆斯·麦克斯韦的电磁理论。——译者注
[八] 詹姆斯·麦克斯韦（James C. Maxwell，1831—1879），苏格兰物理学家，以提出电磁理论而闻名。——译者注

等。因此，从一开始电气技术就一直与电磁物理学存在紧密联系。

然而，一般来说，我们今天认为科学工作及其技术应用之间的关系是理所当然的，这种观念直到 20 世纪初才开始产生。如前所述，汽车、飞机等典型的现代设备在其初创时期，并没有从纯理论的科学领域得到多少支持。第一次世界大战导致这种状况出现变化，在所有交战国，科学家都被动员起来支援战争，产业界发现科学拥有激发技术思想、提出技术方案的巨大力量。也是在那时，科学家们发现了技术难题的挑战。

现如今的技术活动在极大程度上自觉地立足于科学探索。实际上，大量工业研究实验室都从事"纯"研究工作，也就是只研究新的理论知识而不是知识的应用。即使在不追求新知识的情况下，也很少有实验室在开展一项新技术项目时不研究相关的科学知识。同时，在物理学、化学、生物学、地质学以及其他学科，对自然属性的科学探究取得的成果立即会被成千上万"应用科学家"和技术人员分析，以便用于可能的技术领域。

所以，技术并不像人们常说的那样，是"科学在产品和工艺中的应用"，这句话最多只能算被粗略地过度简化了。例如，在聚合物化学、制药、原子能、太空探索、计算机等领域，"科学探究"与"技术"之间的界限模糊不清。发现新基础知识的科学家，与开发特定工艺及产品的往往是同一个人。然而，在另一些领域，高度有效的努力仍旧主要涉及纯技术问题，而与科学本身没什么联系。在机床、纺织机械、印刷机等机械设备的设计过程中，科学发现发挥的作用往往微不足道，而在这类研究实验室中也看不到科学家的身影。更重要的是，即使在科学与技术联系最紧密的领域，科学也仅仅是技术努力的起点。围绕新产品和新工艺的最主要工作，往往是在科学发现做出**之后**进行的。技术人员的贡献是所谓的"技术诀窍"，获得"技术诀窍"在多数情况下比科学家"知道是什么"需要耗费更多的时间和精力——尽管科学并未替代今天的技术活动，它却是后者的基础和起点。

虽然我们知道，当今的技术立足于科学，但除了技术专家，很少有人意识到，在一定程度上技术本身在20世纪已经成为科学，已经变成研究，也就是有自己特定研究方法的独立学科。

19世纪，技术是"发明"，而不是受管理的或有组织的，更不是系统化的学科。我们已有200年历史的"专利法"㊀对技术的定义仍然是"灵光一闪"。当然，要把"灵光"转化为有用的事物，尚需付出艰苦努力，有时甚至需要几十年的心血。但没人知道具体应该如何努力，如何组织，或人们期望从中得到什么。转折点或许就是1879年爱迪生从事的电灯泡发明工作。正如爱迪生的传记作家马修·约瑟夫逊㊁指出的，他本来无意从事组织化研究，但由于未能通过"灵光一闪"开发出可用的电灯泡，被逼无奈不得不如此。在非常违背爱迪生本人意愿的情况下，组织化研究迫使他按照所需的解决方案的详细要求开展工作，详尽地阐明必须采取的主要步骤，继而系统地测试1600余种不同材料，以找到一种能被用作他试图开发的白炽灯灯丝的材料。实际上，爱迪生发现，他必须同时在3个主要技术领域取得突破，才能制造出家用电灯：首先需要电压保持恒定不变的电流；其次需要完全真空的玻璃小容器；最后需要能发光

㊀ 美国的第一部《专利法》颁布于1790年。——译者注
㊁ 马修·约瑟夫逊（Matthew Josephson，1899—1978），美国传记作家，代表作《强盗大亨：美国的大资本家》。——译者注

但不会立即被烧毁的灯丝。爱迪生原本预计自己用几周时间就能完成的工作，结果用了整整 1 年的时间，且大量训练有素的助手参与进来，也就是说缔造了一个研究团队。

自从爱迪生的电灯实验以来，研究方法方面已经有了长足进步。今天，我们不会去挨个检测 1600 余种材料，而很可能会使用概念分析和数学分析来大大缩小选择范围。然而，这也不一定奏效。例如对于当前的癌症研究，相关人员正在检测超过 60 000 种化学物质，以确定其可能的治疗效果。或许改进最大的地方是研究团队的管理方面。1879 年，这样的团队合作完全没有先例可循，爱迪生不得不在开展研究的过程中随机应变。然而，他清楚地认识到了系统化研究的基本要素：

第一，界定需求，当时爱迪生的需求就是经济划算、性能可靠的光电转换设备；

第二，清晰的目标，一个透明容器，其内部的电阻会使物质升温至白炽状态；

第三，确定要采取的主要步骤和必须完成的主要工作，在爱迪生的实验中，这涉及电源、容器和灯丝；

第四，持续从计划的成果中得到反馈，例如，爱迪生发现，自己需要的是真空而不是惰性气体作为灯丝的环境，这使他立刻改变了关于容器的研究方向；

第五，组织各项具体工作，把各主要部分分派给特定的工作团队。

上述 5 个要素构成了当今技术活动的基本方法和基本体系。1879 年 10 月 21 日，这一天爱迪生首次制造出了一个持续发光时间很短的电灯泡，因此，这一天不仅仅是电灯诞生的日子，也是现代技术研究诞生的日子。然而，我们尚不清楚爱迪生本人是否理解自己取得的成就，不过当时肯定没几个人意识到爱迪生找到了一种普遍适用的技术和科学探究方法。直到20年后，爱迪生的做法才被在各自实验室工作的德国化学家和细菌学家，以及美国的通用电气公司实验室广泛模仿。从那以后，技术活动在西方各国逐步发展为一门组织化的探究性学科。

技术研究不仅拥有不同于发明的方法论，还孕育了一种不同的途径——创新，也就是运用技术手段有目的、审慎地明显改变人类的生活方式及其所处的经济、社会、社区环境。创新可能从界定需求或机遇开始，继而通过组织化的技术努力，以找到满足需求或利用机遇的方法。例如，为了实现登月的需求，需要大量新技术；一旦界定了需求，接下来就可以有系统地组织技术活动来创造所需的新技术。或者创新的起点也可以是新的科学知识和分析其可能创造的机遇。第一次世界大战期间，化学家（主要是德国人）获得了关于聚合物（即有机分子的长链）的新知识，20世纪30年代，系统化研究新知识创造的机遇，最终诞生了以尼龙为代表的塑料纤维。

创新不是20世纪的产物，维尔纳·西门子和爱迪生都既是发明家又是创新者，都是从创建大规模新产业的机遇起步，西门子抓住了电气化铁路的机遇，爱迪生则抓住了电力照明的机遇。两人都分析了需要什么新技术，并着手创造这种技术。然而，唯有在20世纪，很大程度上通过研究实验室及其研究途径，创新才成为技术努力的中心。

在创新的过程中，技术被用作改变经济、社会、教育、战争等领域的工具。这极大地增强了技术的影响力。打个比方，技术已经成为打破传统和习惯最坚固壁垒的攻城锤。因此，现代技术影响着欠发达国家的传统社会和文化。但创新也意味着，技术活动的开展不单单是出于技术目的，也出于经济、社会、军事等非技术目的。

一直以来，加深我们对自然现象的理解一直都是衡量科学发现的标准。然而，衡量发明的标准是技术性的，即赋予我们完成特定任务的某种新能力。但衡量创新的标准是对人们生活方式的影响。因此，非常重大的创新可能以仅包含少数几种新技术发明的方式实现。

非常典型的例子是 20 世纪的第一项重大创新，即大规模生产。该项创新由亨利·福特在 1905~1910 年发起，用于生产 T 型车[一]。正如人们经常指出的，亨利·福特没有做出任何重要的技术发明，这一点确定无疑。1905~1910 年，亨利·福特设计并建造的大规模生产工厂没有任何新要素。对于可互换零部件，一个世纪前的惠特尼早已提出并纳入实践；传送带和其他传输原材料的工具，30 多年前就已在芝加哥的肉类加工厂等企业中得到应用。就在亨利·福特建造大规模生产工厂的几年前，奥托·多林[二]在芝加哥为西尔斯公司建造了第一家大型邮购工厂，几乎使用了福特汽车公司在底特律高地公园工厂[三]中用来生产 T 型车的每一种技术设备。亨利·福特本人是一名非常有天赋的发明家，为许多技术问题找到了简单而巧妙的解决方案，包括开发新型合金钢、改进工厂中使用的几乎每台机床等。但亨利·福特真正的贡献是一种创新，为经济问题寻找技术性解决方案，即用尽可能低的成本生产出数量最多、质量

○ T 型车，1908~1927 年福特汽车公司生产的一款汽车，是 20 世纪最具影响力的车型。——译者注

○ 奥托·多林（Otto Doering），西尔斯公司高管，设计了一个每天能处理 10 万张顾客订单的系统，推进了现代库存管理的发展。——译者注

○ 高地公园工厂（Highland Park），1910 年投产，1913 年 10 月成为世界上第一家采用流水生产线的汽车生产工厂。——译者注

最可靠的产品。并且这种创新对人们生活方式的影响，要远远大于过去的许多重大技术发明。

系统方法

大规模生产也体现了 20 世纪技术活动增加的一个新维度：系统方法。大规模生产既不是一个事物，也不是一系列事物，而是一种观念，即一种关于生产过程的统一观点。当然，大规模生产需要机器、工具等大量"事物"，但它并非始于这些事物，而是始于系统观念。

当今的太空项目是另一类系统，其理念基础是真正的创新。不同于大规模生产，太空项目需要无数新发明以及无数新科学发现。然而，太空项目背后的基本科学观念却一点都不新颖，大体上都是牛顿物理学⊖的观念。可称为一种新事物的，是通过系统的、有组织的方法把人送入太空的想法。

自动化也是一种系统观念，更接近福特的大规模生产而不是太空项目。早在这个术语出现以前，就已经有了货真价实的自动化案例。过去 40 年中建造的所有炼油厂本质上都是自动化生产。但直到把整个生产过程视为一个连续的、受控的流程，我们才能理解自动化。这进而导致了发展计算机、机器的过程控制、材料移动型设备等大量新的技术活动。然而，使许多工业流程实现自动化的基本技术已经存在了很长时间，所缺乏的只是将其转化为自动化创新的系统方法。

⊖ 牛顿物理学（Newtonian physics），通常是指在量子力学与相对论之前发展起来的物理学理论，又称为经典物理学。——译者注

系统方法把许多以前互不相关的活动和过程视为一个更大的、综合的整体的不同构成部分，其本身并不是某种技术，而是一种看待世界和自我的方式。这在很大程度上要归功于格式塔心理学㊀（源自德语词汇"构造"或"结构"），该学科证明我们不会注意一幅画的线条和点，而是关注其结构，也就是整体，同样，听音乐时我们不会听到单个音符，而是倾听曲调本身（即结构）。而且系统方法也源自 20 世纪的技术发展趋势：技术与科学的联系、作为系统化学科的研究的发展、创新。实际上，系统方法是衡量我们新发现的技术能力的一种方法。以前的人能够想象系统，但他们缺乏实现这种想象的技术手段。

系统方法还极大地增强了技术的力量，使得当今的技术专家有条件谈论材料，而不仅仅是钢铁、玻璃、纸张、混凝土等，当然，这些都具有自身的独特（且古老的）技术。现在，我们领会了一个属概念——材料，所有材料都由相同的物质基本组成部分构成。因此，如今人们致力于设计自然界中不存在的材料，如合成纤维、塑料、不会破碎的玻璃、导电玻璃等。我们越来越倾向于首先确定想要达到的最终用途，然后再选择或制造用到的材料。例如，我们首先确定想要的容器需要具备什么属性，然后才确定玻璃、钢、铝、纸、各种塑料，或数百种材料中的任何组合最适合用来制造该容器。这就是所谓"材料革命"，其具体表现是技术性的，根源则在于系统观念。

同样，我们也即将迎来一场"能源革命"，即开发原子能、太阳能、潮汐能等能源的新用途，并且也产生了一个新的系统概念：能源。同样，

㊀ 格式塔，是德文 Gestalt 的译音，意思是"动态的整体"，格式塔心理学是心理学的重要流派，兴起于 20 世纪初的德国，主张人脑的运作原理是整体的，代表人物有库尔特·卢因等。——译者注

这是重大技术进步（尤其是原子能）的结果，也是重大的新技术活动的起点。呈现在我们面前的，还有刚刚开始的最伟大的系统工作：对海洋的系统性探索和开发。

在地球表面，海洋面积要远远大于陆地。因为水不同于土壤，能够被太阳光穿透很长一段距离，在海洋中光合作用孕育生命的过程覆盖的范围要远远大于陆地，另外，海洋的每一寸空间都富饶多产。海洋本身，包括大洋底部，蕴藏着无数的矿藏和金属。然而，即使在今天，人类仍然犹如海洋上的猎人和游牧民族，而不是农夫。这和人类的祖先差不多1万年前初次种植农作物时处于同样的发展阶段。因此，相比于开发已被充分探索的陆地，在获得海洋知识和发展海洋开发技术方面，付出较小努力就能获得更多回报，其中不仅包括知识，还包括食物、能源、原材料等。海洋开发而不是太空探索，很可能会成为21世纪真正的前沿领域。海洋开发的基础将是把海洋作为一个系统的观念，该观念源自潜水艇等技术开发项目。进而，关于海洋的系统观念引发了莫霍计划㊀（旨在钻穿海底坚硬的地壳）等新的技术努力。

系统方法还可能会对许多其他领域产生深远影响，进而引发重大的技术努力，通过这些努力，人类的生活方式和做事能力将发生重大变化。现代城市就是这样的例子，很大程度上其本身就是现代技术的产物。

正如已经多次说过的，19世纪最伟大的发明之一就是发明本身，奠

㊀ 莫霍计划（Mohole project），美国试图钻穿地壳到达莫霍面的计划，1961年在墨西哥瓜德罗普岛近海3558米水深处钻了5口深海钻井，但该计划受到了政治和经济形势的影响，1966年搁浅。——译者注

定了 1860～1900 年（即"发明的英雄时代"）出现爆炸性技术发展的基础。同样可以说，20 世纪初期最伟大的发明是创新，奠定了试图审慎地组织整个生活领域，以实现目的明确之变化的基础，这正是系统方法的特点。

创新和系统方法依然正在形成。几乎可以确定，两者的全面影响仍未显现，但已经改变了人类的生活、社会和世界观，并且正在深刻地改变技术本身及其作用。

第5章 | CHAPTER 5

20 世纪的技术与社会[一]

前技术时代的文明

如今,世界各地的现代人普遍把技术文明视为理所当然。哪怕是婆罗洲[二]丛林或安第斯山脉中的原始民族,虽然依旧像过去几千年一样生活在早期青铜器时代,居住在泥屋中,但是当他们从电影中看到电灯开关的转动、电话听筒的挂起、汽车或飞机的发动、导弹的发射时,也能理解其所代表的含义。在 20 世纪中叶,人们开始相信,现代技术有望消除

[一] 首次出版于 Melvin Kranzberg、Carroll W. Pursell, Jr. 编辑的《西方文明中的技术》(第二卷),纽约:牛津大学出版社,1967 年。
[二] 婆罗洲(Borneo),又称加里曼丹岛,是世界第三大岛、亚洲第一大岛,属于印度尼西亚、马来西亚与文莱。——译者注

地球上的贫困，征服外太空。但是，人们已经掌握的知识也具有在一场巨大灾难中毁灭世界的能力。如今，技术已经位居人类认知和经验的核心位置。

另外，迟至20世纪初，绝大多数人依旧不知现代技术为何物。从地理分布来看，1900年前后，工业革命及其技术成果很大程度上只惠及北大西洋沿岸的欧洲人，他们只占全人类的极少数。当时，在所有非欧洲、非西方国家中，只有日本开始建设现代工业，发展现代技术，但尚处于起步阶段。在印度农村、波斯市集上，当地人仍旧保持着前工业时代的生活方式，完全没有受到蒸汽机、电报以及所有其他西方新工具的影响。无疑，当时不管对西方人还是非西方人而言，现代技术无论好坏都是白人的天赋权利，并且仅限于白人，这几乎已经成为一条公理，奠定了第一次世界大战前帝国主义扩张的基础。诺贝尔文学奖得主、杰出的印度诗人泰戈尔（1861—1941）⊖，以及第一次世界大战前刚刚开始投身印度独立运动的圣雄甘地（1869—1948）⊜都持有该观点。确实有足够的事实证明这种观念普遍存在，哪怕只是人们的一种偏见，在第二次世界大战前也一度广泛流行。例如，希特勒之所以授予日本人"荣誉雅利安人"称号并认为他们是"乔装的欧洲人"，主要就是因为日本人掌握了现代技术。而在珍珠港事件前，美国人普遍相信一个神话：日本人不是欧洲人，不擅长使用飞机、战舰等现代武器。

实际上，即使在英美德等西方最发达的国家，1900年时现代技术对

⊖ 泰戈尔（Rabindranath Tagore），印度诗人、哲学家，1913年成为首位获得诺贝尔文学奖的非欧洲人，代表作《吉檀迦利》。——译者注

⊜ 甘地（Mohandas K. Gandhi），印度圣雄，领导非暴力不合作运动，对现代大工业生产持怀疑态度。——译者注

普通人日常生活的影响仍旧微乎其微。当时的人多数是农业者[一]或工匠，居住在乡村或小镇中，过着传统的生活，使用前工业时代的工具，对周围迅速发展的现代技术几乎一无所知。只有在少数大城市中，现代技术才能够影响到人们的日常生活。例如，1890年后出现了越来越多采用电力驱动的市内铁路、依赖电报通信和蒸汽印刷机的日报等，以电话、电灯为代表的现代技术设备也开始进入家庭。

即便如此，现代技术依然令1900年的西方人极其振奋。那是一个伟大的国际博览时代，几乎每个领域都被新技术发明的"奇迹"抢尽风头。正是在该时期，从莫斯科到旧金山，科幻小说成为畅销书。1880年前后，《地心历险记》和《海底两万里》等作品的作者法国人凡尔纳（1828—1905）[二]声名鹊起。到1900年，凭借技术虚构性著作《时间机器》（1893）蜚声文坛的英国小说家赫伯特·威尔斯（1866—1946）[三]后来居上。事实上，当时人们对于技术进步带来的福祉产生了几乎无限的信心。然而，他们全部的激动都聚焦于由技术进步而带来的改变在生活中的物质表现，绝大多数人都没有想到，这些物品能够且将会对社会、人的行为和思想方式产生冲击。

20世纪的技术进步确实令人叹为观止。但我们可以说，绝大多数技术进步的基础，到1900年或1910年时都已奠定。1900年，电灯、电话、电影、留声机、汽车都已发明出来，并且蓬勃发展的企业正在积极地销

[一] 农业者（farmer）强调的是职业涵义，农民（peasant）强调的是身份涵义，两者的区别在于是否"受外部权势的支配"，为避免混淆，本书把farmer译为农业者，peasant译为农民。——译者注

[二] 凡尔纳（Jules Verne），法国科幻作家、诗人、剧作家，被誉为"科幻小说之父"。——译者注

[三] 赫伯特·威尔斯（H. G. Wells），英国小说家、社会学家，代表作《时间机器》。——译者注

售这些产品。而飞机、真空管、无线电报则发明于 20 世纪初期。

然而，1900 年的人们尚未意识到技术给社会和文化带来的冲击。技术在一个区域内的爆炸性发展，创造了首个世界性文明，而且是一个技术文明。现代技术已经使世界的中心从西欧转移到数千英里①外的国家。更重要的是，20 世纪的现代技术已经使男性重新思考诸如女性的社会地位等传统观念；重塑了工作、教育、战争等基本制度；使技术发达国家的无数人从体力劳动者转化为无须实际接触原材料和工具的脑力劳动者；把人类的生活环境从自然的一部分转变为人造的大城市；进一步扩展了人类的活动范围。现代技术把整个世界转化为了共享知识、信息、希望、恐惧的紧密社区，同时把外层空间纳入人类直接的、有意识的经验范围，把启示承诺和末日威胁②转化为了当下实实在在的可能性：既描绘了一个没有贫穷的乌托邦蓝图，又孕育了最终毁灭全人类的梦魇。

最后，在过去的 60 年中，人们对技术本身的观点也发生了变化，不再认为技术仅仅关系到**物品**，而是认为技术与人密切相关。这种新观点帮助人们认识到，技术并不是一根魔杖，如我们的祖父母那代人深信不疑的，能够消除人们面临的所有难题，克服所有的局限性。现在人们还认识到，技术的潜力比祖父母那代人能够想象的还要巨大。但我们也已经知道，作为人造物的技术，同人类一样存在种种问题和矛盾，既可以为善又可以作恶。

本文试图指出，现代技术对社会和文化造成的若干最重要的影响，以及进入 20 世纪以来，人们对技术的观点的变化和技术方法的变化。

---

① 1 英里 = 1609.344 米。
② 末日的（apocalyptic），犹太教和基督教的先知用生动的语言与丰富的想象描述他们看到的未来景象：真理需通过某种破坏性力量才能得到揭示，新秩序在旧秩序的废墟上建立。所以 apocalyptic 在现代英语中兼有"启示的"和"末日的"两重含义。——译者注

技术重塑社会制度

截止到20世纪60年代，20世纪的历史可以划分为3个主要阶段：

第一次世界大战爆发前——文化和政治非常接近19世纪的时期；

两次世界大战之间——1918~1939年的时期；

第二次世界大战全面爆发至今。

在上述每个历史时期，现代技术都塑造了西方社会的基本制度。并且在最近的一段时期，现代技术开始颠覆并重塑许多非西方社会的基本制度。

女性的解放

在第一次世界大战爆发前，很大程度上正是现代技术带来了女性解放，并赋予她们新的社会地位。打字机和电话在提高女性的社会地位方面，超过以苏珊·安东尼⊖为代表的任何19世纪女性主义者。1880年的"招聘广告"刊登了某机构需要"打字员"或"报务员"，所有人都知道招聘的是男性。然而到1910年，同样内容的招聘广告，众所周知招聘的是女性。打字机和电话使得体面家庭的女孩能够摆脱家庭，靠自己的能力过上体面的生活，而不必再依赖丈夫或父亲。因为需要女性操作打字机和电话总机，所以即使最不情愿的欧洲国家政府也不得不为女孩提供公立中学教育，这是朝女性解放迈出的最大一步。办公室中大批受人尊敬的、受过良好教育的年轻女性，强烈要求修改剥夺女性订立合同、掌

⊖ 苏珊·安东尼（Susan B. Anthony，1820—1906），美国社会活动家，女性选举权运动的先驱，1892~1900年任全国女性选举权协会主席。——译者注

管自己的收入和财产的传统法律。最终到 1920 年前后，几乎所有西方国家的男性都被迫赋予女性选举权。⊖

工作组织方式的变化

第一次世界大战前后，现代技术导致的变革迅速扩散，开始改变长期作为绝大多数人之生计的体力劳动。而在多数欠发达国家，体力劳动至今依然如故。把现代技术原则应用于体力劳动的起点，是美国人泰勒（1856—1915）等发展起来的科学管理。

当亨利·福特从事大规模生产的系统化创新时，泰勒把 19 世纪机械设计者学到的用于工具工作的原则应用于体力劳动，识别需要从事的工作，将其分解为各项不同的操作，设计完成每项操作的正确方式，最后按照最快、最经济的顺序重新排列组合上述操作。现如今，所有这些都是司空见惯之事，但这是工作首次被拿来研究。纵观整个人类历史，工作向来都是理所当然的，从没有人想过对工作进行研究。

科学管理产生的直接成果是，工业产品的成本大幅削减，通常是采用科学管理之前成本的 1/10，有时甚至是 1/20。汽车、家电等原先只有富人才能享用的奢侈品，迅速得以普及。或许更重要的是，在大幅降低产品总成本的同时，科学管理导致工人的薪资水平迅速提高。而在那时之前，产品总成本的下降总是通过降低工人的薪资实现。科学管理倡导者宣扬相反的观点，即更低的总成本应该同时意味着工人获得更高的薪资。这一点确实是泰勒及其门徒的主要意图，他们与更早期的技术专家不

⊖ 1918 年，英国和德国女性获得选举权；1920 年，美国女性获得选举权；法国和意大利女性迟至 40 年代才获得选举权。——译者注

同，不仅有技术方面的考虑，也有社会方面的关怀。在科学管理倡导者看来，即使不能创造"生产率"，也能使其提高，随之而来的是整体生活水平的改善，在更早的历史时期，这完全是不可能的，几乎想都不敢想。

与此同时，科学管理迅速改变了劳动力的结构和构成。首先它导致劳动力的大规模升级。19世纪劳动力中规模最大的单一群体（也就是以最低薪资从事工作的非熟练"劳工"）变得过时。取代非熟练劳工的是一个新群体——机器操作员，例如汽车流水生产线上的工人。机器操作员个人或许不比以前的劳工掌握更多技能，但技术专家的知识已经通过科学管理融入他们的工作中，这样他们就能够获得（而且很快就会实际得到）高度熟练的工人的薪资。1910～1940年，机器操作员占据了农业者和劳工原先的位置，成为每个工业国家规模最大的单一职业群体。科学管理对大众消费、劳资关系、政治议题的影响异常深远，至今仍与我们息息相关。

泰勒的工作立足于如下假设：知识而非体力技能是根本的生产资源。泰勒声称，生产率要求"执行"与"计划"分离，也就是说，生产率以系统的技术知识为基础。科学管理导致劳动力中受教育人口的数量急剧增长，最终导致工作的重心从劳动彻底转向知识。

当今所谓的自动化，从概念上看是泰勒科学管理的逻辑延伸。一旦某项操作如同机器操作一样被分析并重新组织起来（科学管理成功地做到了），它就应该能够由机器而不是人工来完成。科学管理迅速增加了对受过教育的劳动力的需求，并最终在第二次世界大战结束后，开始在美国等先进国家塑造新型劳动力，他们受过系统教育，把知识应用于工作岗位，日益成为主要的"工作者"，在数量上超过了劳工、机器操作员、工匠等体力劳动者。

知识取代体力成为工作中富有成效的资源，是工作史上最深刻的变革，当然，该过程的历史与人类一样悠久。这项变革目前仍在继续推进，但在发达工业国家（尤其是美国），它已经彻底改变了整个社会。1900年，每20名美国人中就有18名靠体力劳动谋生，并且这18名体力劳动者中有10名是农业者。到1965年，在美国的工作人口已经大幅增长的情况下，每20名美国人中只有5名从事体力劳动，并且其中只有1名是农业者。其余的工作人口主要靠知识、观念、思想谋生，总之是靠在学校中学到的事物，而不是工作台上学到的东西谋生。当然，并非使用的所有知识都属于前沿知识。例如，尽管使用知识的程度有限，但饭店收银员也属于"知识工作者"。所有运用知识的工作都需要教育，也就是说，工作者需要受系统的心智训练而不一定必须具备实际的经验技能。

教育的作用

因此，在20世纪工业社会中，教育的作用发生了变化，这是技术带来的又一重大变化。到1900年，技术的发展使得识字成为工业国家人民的一种社会需求。向前回溯100年，就整个社会来看识字基本上是一种奢侈品，只有大臣、律师、医生、政府官员、商人等极少数人需要掌握读写技能。甚至对于威灵顿将军在滑铁卢战役⊖中的伙伴、普鲁士军队元帅布吕歇尔来说，不识字既不是指挥作战的障碍，更不是耻辱。然而，在1900年的工厂或企业办公室中工作的员工，哪怕只有小学文化程度，

⊖ 滑铁卢战役（Waterloo），1815年6月18日发生在滑铁卢的一场战役，英国的威灵顿公爵和普鲁士的布吕歇尔元帅指挥的联军击败了拿破仑指挥的法军，决定了法兰西第一帝国的覆灭。——译者注

也必须能够读写。到 1965 年，没有受过高等教育之人已经难以就业，然而与 200 年前受过最高教育之人相比，前者掌握的知识要更加先进。教育已经从一种装饰品（或者说奢侈品）转变为技术社会的核心经济资源。因此，教育迅速成为工业发达国家的支出和投资中心。

对教育的重视正在创造一个不同以往的社会：社会需要受过教育之人，所以人人有机会接受最好的教育。受过教育之人憎恨那些阻碍他们使用所学知识的阶层和收入障碍，因为社会需要和重视专家提供的服务，所以必须对他们的才能予以充分认可和鼓励。在一个高度发达的技术文明中，教育取代了金钱和阶层，成为地位和机会的标志。

战争的改变

在第二次世界大战结束时，现代技术已经彻底改变了战争的性质，并且也改变了战争制度的特征。当现代战略思想之父克劳塞维茨（1780—1831）㊀把战争称为"延续政策的另一手段"时，他只是用言简意赅的警句表达每一名政治家和军事家早就知道的事实。战争向来都是一场赌博，总是残酷无情，破坏性巨大。伟大的宗教领袖一直宣称战争是罪恶。但战争也是人类社会的一种正式制度、一种理性的政策工具。包括克劳塞维茨本人在内的许多同时期的人，都认为拿破仑邪恶，但没人认为拿破仑使用战争手段把政治意图强加给欧洲各国是疯狂之举。

1945 年，美国在日本广岛投下的第一颗原子弹改变了这一切。从那时起，越来越明显的趋势是，大规模战争不再被认为是正常的，更不是

㊀ 克劳塞维茨（Karl von Clausewitz，1780—1831），普鲁士军事理论家，代表作《战争论》，"战争可说是延续政策的另一手段"，引自《战争论》，普林斯顿大学出版社，1976 年版。——译者注

理性的。总体战㊀不是人类社会中一种有用的制度，因为在全面的现代技术战争中，没有失败的一方，也没有胜利的一方；没有中立方，也没有非战斗人员；只有彻底的毁灭，双方必将同归于尽。

全球技术文明

第二次世界大战把最先进的技术直接带到了地球上最偏僻的角落。所有军队都需要现代技术来提供战争装备和战争资源。并且，非西方国家的人作为技术战争中的士兵或现代工厂中的工人，为所有参战军队提供战争物资。这就几乎让全世界的每个人都亲身体验到了现代技术的巨大威力。

然而，如果没有科学管理带来的系统性经济发展，技术可能不会对古老的、非西方的、非技术的社会产生革命性影响。人类通过系统性努力（也就是现在所谓的"工业化"）新获得的力量，引发了约翰·肯尼迪㊁总统所谓的"人类期望的上升趋势"，期望技术能够消除疾病、早逝、贫困、无休止的劳作等古老的诅咒。无论人们还有什么其他期望，都要求社会接受彻底的技术文明。

在社会意识形态领域，斗争焦点的转移清楚地表明了这一点。第二次世界大战之前，在全世界范围内衡量自由企业的标准，通常是它们自称的具有创造一个自由公正社会的卓越能力。第二次世界大战以来，问题很大程度上已经成为：哪种制度体系更有利于经济向现代技术文明发

㊀ 总体战（total war），是指一个国家动员所有能够运用的资源，摧毁另一个国家参与战争能力的军事冲突形态，该思想源自德国将军鲁道夫。——译者注
㊁ 约翰·肯尼迪（John F. Kennedy，1917—1963），美国第35任总统（1961—1963年），在任期间扩大政府支出，支持民权运动，处理古巴导弹危机，推动阿波罗登月计划，1963年11月22日被刺身亡。——译者注

展？印度是另一个例子。直到去世前，圣雄甘地一直反对工业化，并试图带领印度返回到手纺车代表的前工业时代。然而，1947年印度正式独立，甘地的亲密战友和门徒尼赫鲁（1889—1964）⊖成为第一任总理后，不得不立即顺应民意拥抱"经济发展"理念，即强制推行最重视现代技术的工业化。

20世纪，甚至在现代技术的发源地（西方国家），技术也引发了若干根本性问题，对根深蒂固的社会和政治体制提出了挑战，甚至发挥了颠覆性作用。无论技术的发展方向如何，都已经对女性的社会地位、工作和工作者、教育和社会流动、战争等方面产生了深刻影响。在这种形势下，现代技术要求非西方社会与自身的社会和文化传统彻底决裂，从而引发了深刻的社会危机。非西方社会如何应对该危机，很大程度上将决定20世纪后半叶的人类历史，甚至可能关系到人类历史能否延续。但除非人类从地球上消失，否则我们的文明将必然是一种共同的技术文明。

迈入人造环境时代

到1965年，美国的农业人口将仅占总人口的1/20。人类已经基本成为城市居民。与此同时，城市中的人越来越用自己的思想工作，而不再利用物质开展工作。因此，20世纪人类生存的环境，本质上已经越来越从自然环境转变为人造环境，即大城市和知识工作构成的环境。当然，这种变化的动因在于技术。

⊖ 尼赫鲁（Pandit J. Nehru，1889—1964），印度第一任总理，早年追随甘地投身独立运动，上台后大力发展公共部门，奉行费边主义，仿照英国建立现代政府体制，在国际上倡导不结盟运动。——译者注

如前所述，技术是体力劳动转向脑力劳动的基础，也是美国、西欧等技术发达国家农业生产率大幅提高的前提，当今这些国家的农业者在更少的土地上生产的粮食相当于 1800 年的 15 倍，且几乎是 1900 年的 10 倍。因此，技术使人类摆脱了扎在土地中的根，转变为城市居民。

确实，城市化已经成为经济社会发展的指标。在美国和西欧各工业发达国家，如今高达 3/4 的人口居住在大城市及其郊区。仍然需要一半人口务农才能提供足够粮食的国家，无论拥有多么发达的工业，都应被称为"欠发达国家"。

然而，大城市不仅是现代技术的中心，也是现代技术的产物之一。从畜力到机械力，尤其是电力（不需要牧场）的转变，导致大型生产设备集中在某个区域成为可能。现代材料和建筑方法为在狭小区域内居住、迁移、供养大量人口创造了条件。或许现代通信是大城市最重要的先决条件和神经中枢，也是城市得以存在的主要原因。技术社会要求的工作类型转变，是大城市迅速发展的另一个原因。现代社会需要在各个知识领域拥有几乎无限数量的专业人员，而且需要他们容易被发现、便于被雇用、快速且低成本地从事不断变更的新工作。企业或政府机构迁到城市，在那里可以找到所需的律师、会计、广告人、艺术家、工程师、医生以及其他受过培训的专业人员。反之，上述掌握专业知识的人员也会主动搬到大城市，以更方便地接近潜在的雇主和客户。

仅仅 60 年前，人类还严重依赖自然，深受暴风、洪水、地震等自然灾害的威胁。如今，人们依赖技术，且最主要的威胁已经转变为技术故障。如果供水系统或污水处理系统出现故障，世界上最大的城市将在 48 小时内变得不适宜人类居住。人类（也就是如今的城市居民）已经越来越依赖技术,并且人类的栖息地不再是由风、天气、土壤和森林构成的自然生态,而是转变为人造生态。自然不再是人们直接的生活体验,纽约市的孩子需要去布朗克斯动物园⊖才能看到牛。60 年前,对多数美国人来说去最近的城镇旅行是惬意的享受;而今,技术发达国家的多数人度假时纷纷试图"回归自然"。

扩大人的活动范围

人类的古老智慧(远远早于古希腊)认为,一个社区共同体限于消息能够在一天内传播到的范围,这就划定了一个直径约 50 英里的"区域"。尽管波斯帝国、罗马帝国、印加帝国等大力修建官道,组织特殊的快速邮递服务,努力扩大这段距离,但直到 19 世纪晚期,人类活动范围的极限一直没有多大改变,仍旧限于一个人一天内步行或骑马的距离。

到 1900 年,这种状况发生了重大改变。火车把人类一天的活动范围扩大到 700 英里以上,相当于从纽约到芝加哥或从巴黎到柏林的距离。而且,消息和新闻首次得以独立于人类载体,以电报的形式瞬间传播到全世界任何角落。直到今天,凡尔纳的科幻小说《环游世界八十天》仍然畅销,并非完全是偶然。现代技术对距离的克服,或许是其给人类带来的所有礼物中最重要的一个。

现在,如果根据一天活动范围的古老标准来衡量,整个地球已经变成了一个地方社区共同体。商业喷气式飞机能够在一天内到达地球上几

⊖ 布朗克斯动物园(Bronx Zoo),美国最大的动物园之一,位于纽约市布朗克斯区,1895 年由纽约动物协会创建。——译者注

乎任何一个机场。而且，不同于任何早期时代，普通人能够且确实已经四处迁移，不再固守出生时的小山村。汽车几乎赋予每个人迁移能力，伴随身体的迁移能力而来的，是人类新的精神面貌和社会流动性。美国农场的技术革命，始于农业者获得汽车，农业者的思维习惯、对新思想和新技术的接受能力随之变得活跃。在美国南部，黑人民权运动随着二手车的出现日益兴起。在T型车的车轮上面，黑人与白人拥有同样的能力，双方处于平等地位。无独有偶，在秘鲁糖料种植园中学会驾驶卡车的印第安工人，再也不会完全屈从于白人管理者，他们已经体会到了流动性带来的新能力，这种能力比历史上最有权势的国王所能想象的还要强大。世界各地的年轻人都梦想着拥有自己的汽车，这并非偶然。四轮汽车是摆脱传统权威束缚，获得自由的真正象征。

新闻、数据、信息、图片的移动性甚至超过了人，已经能够"实时"传播，也就是说几乎能够瞬间到达目的地，而且已经变得普遍可及。只要拥有一台廉价的小型收音机，任何人都能够收听用自己的母语广播的，来自世界上主要国家首都的新闻直播。电视和电影使人们能够直观了解世界各地的不同生活。在过去20年中，人类的活动范围已经超出地球，延伸到了外太空。因此，20世纪的技术不仅把人类带入了一个更大的世界，也带入了一个不同的世界。

技术与人类的关系

在这个新世界中，人们不再以传统观点看待技术；人们意识到技术是生活中的主要因素，事实上，纵观整个历史，技术始终都是人类生活中的一个主要因素。人们日益认识到，关于技术的主要问题不是技术性问题，而是人的问题，并且逐渐明白，有关技术的历史及其演变的知识对于理解人类历史必不可少。此外，为了掌控现代技术文明，人们必须理解技术的历史、发展演变及其动力机制，除非这么做，否则人们必将成为受技术操纵的奴仆。

1900年前后天真的乐观主义者认为技术会以某种方式创建人间天堂，但在今天，几乎没人继续持有类似观点。多数人会思考：技术对人的影响与为人提供的便利同样重大吗？显然，技术给人类带来便利的同时，也导致了诸多难题、紊乱和危险。首先，基于技术的经济发展有望消除世界上多数地区的贫困，但也存在总体战毁灭世界的危险，我们现在所知的控制该危险的唯一方法是，所有主要工业国家在和平时期保持比历史上任何国家都要高的军备水平。对于该问题，这似乎不是一个恰当的答案，更不是一个永久的答案。其次，现代公共卫生技术（尤其是杀虫剂）大大延长了所有地区人们的寿命。然而由于欠发达国家人口死亡率下降的同时，出生率仍旧保持在原先的高水平上，导致各国遭受人口爆炸的威胁，人口急剧增长不仅吞噬了经济发展的所有成果，而且有可能造成世界范围的饥荒和新的瘟疫。在政治领域，现代经济及其赖以立足的现代技术已经超出了民族国家的范围，换言之，民族国家不再是核算现代技术和经济的恰当单位。甚至拥有5000万人口的英国，最近几十年的发展也已经证明，其生产基础和市场太小，以至于英国经济无法独立地生存和成功。民族主义仍旧是最强大的政治力量，亚洲和非洲新生国家的发展清楚地证明了这一点。然而，交通和通信革命已经使得国界变得不合时宜，飞机或电磁波不可能受限于国界。

大城市已经成为现代人的居住地。然而，吊诡的是，我们不知道如何使得大城市适宜人类居住。我们缺乏有效治理大城市的政治机构。城市衰败、交通堵塞、过度拥挤、城市犯罪、青少年犯罪、孤独寂寞等是所有现代大城市的共同弊病。纵观世界各国的大城市，没人会认为它们是令人满意的居住环境。与土壤和原材料有关的工作摆脱了与自然的直接接触，使我们能够生活得更好。然而，技术变革本身的速度似乎越来越快，以至于使我们丧失了所需的心理和文化支撑。

1900年前后，技术的批评者和技术悲观主义者都应者寥寥。直到第一次世界大战和经济大萧条①之间的时期，人们才日益对技术不再抱有幻想。英国作家赫胥黎（1894—1963）②在经济大萧条最低谷时期（1932年）出版的小说《美丽新世界》，首次充分表现出对技术的怀疑倾向。在赫胥黎的笔下，未来不久的社会中技术会成为主人，人类会成为奴仆，虽然在身体上获得了舒适感，但缺少知识、欲望或痛苦，也丧失了自由、审美或创造力，事实上，个人已经不复存在。5年后，该时期最受欢迎的电影演员查理·卓别林③在《摩登时代》中表达了同样的思想，该片讲述了在不人道的技术面前，一名不幸且无助的普通人的故事。这两位艺术家定下了基调：只有抛弃全部现代技术，人类才能够作为人生存下去。从此以后，该主题越来越受到关注，当然影响也越来越大。然而，当今的悲观主义者患有严重的浪漫妄想症，他们心心念念的"工业化前更幸福

---

① 经济大萧条时期（Great Depression），指1929年始于美国，蔓延至全世界的经济大危机。——译者注
② 赫胥黎（Aldous Huxley），英国作家，其所著的《美丽新世界》与乔治·奥威尔的《一九八四》、扎米亚京的《我们》并列为世界三大反乌托邦小说。——译者注
③ 查理·卓别林（Charlie Chaplin，1889—1977），电影大师，思想左倾，反对战争，代表作《摩登时代》。——译者注

的社会"实际上从未存在过。13世纪晚期，蒙古侵占了从中国直到中欧国家的广袤领土，虽然他们的工具是弓箭，但杀死的人口大致相当于两次世界大战中死亡人数的总和，而当时的总人口要比20世纪少得多，换言之，当时被杀人口的比例要远远高于20世纪。[一]

无论赫胥黎和查理·卓别林的观点多么公正无私，都注定以失败告终。抛弃现代技术显然不是解决办法。对于技术的破坏性作用，唯一积极的替代性选择是使技术成为人类的工具。归根到底，这意味着人类掌握自身的命运，因为应该受到责备的，不是工具，而是作为制造者和使用者的人类。古语有云："拙匠常怪工具差。"19世纪的乐观主义者天真地期望现代技术创造人间天堂，20世纪的悲观主义者把现代技术作为人类盲目、残忍、幼稚、贪婪、罪恶、自负等固有缺陷的替罪羊。二者同样天真。

无疑，更好的工具需要更优秀、更熟练、更细心的巧匠。20世纪，技术掌控了自然，其对人类及其社会的最终影响可能使我们再次面对最古老和最艰巨的挑战：人类自己。

[一] 蒙古帝国征服的范围囊括了欧亚大陆的绝大部分区域，然而，仅西夏、大理、金、南宋被征服导致的人口损失即高达约7000万（参见葛剑雄主编，吴松弟著：《中国人口史·辽宋金元时期》，复旦大学出版社，2005年版，第621页），相比之下，20世纪两次世界大战死亡总人口约8500万。——译者注

CHAPTER 6 | 第 6 章

管理者的过往与未来[一]

职业管理者有三项而不是一项工作。第一项工作是使经济资源产生经济效益；利用现有资源创造未来（即企业家工作）；不是风险最小化，而是机会最大化。本质上，每位管理者相当大一部分的时间都用来处理经济问题，至少是组织的成果问题。例如，市场在哪里？如何提高现有资源的生产率？需要做的正确事务是什么？需要抛弃的业务是什么？因此，无论是总经理还是专业人员，每位管理者都需要拿出部分时间处理经济问题。

职业管理者的第二项工作是"行政"，具体包括使人力资源富有成效，帮助人们合作共事，集中个人的技能和知识完成共同任务；帮助人们扬

[一] 在英国举办的讲座和研讨会讲稿，首次发表于 1969 年 5 月《今日管理》杂志。

长避短追求卓越（这也是组织的宗旨）。组织是一种把人们的优势最大化的机制。假设你有一位擅长制造但不懂营销或财务的人员，如果他自己做生意，那么必定撑不了多久。但如果你有一个组织，哪怕规模非常小，就可以雇用他，充分发挥其优势，同时使其缺点变得无关紧要。因为你可以雇用擅长营销或财务的其他人员，从而组建一个充分发挥每个人优势的团队。

职业管理者还有第三项工作。无论其本人喜欢与否，职业管理者不是私营性的，从某种意义上讲这与他们具体做什么没有关系。职业管理者具有公共性和代表性，频频曝光于聚光灯下，代表着社区中的某些事务。实际上，职业管理者是现代社会唯一的领导群体，其外延不仅涵盖企业经理人，还包括高度组织化、高度工业化的发达社会中所有组织的管理者。从皇家委员会⊖到当地的童军⊜，职业管理者通过参与组织外部社区中的大量事务承担领导责任。或者，他们也可以纯粹通过在所属的组织内部担任领导职务或发挥榜样作用来承担该责任。无论如何，职业管理者都必须承担社会的领导责任。任何管理者的所作所为都不是私营性的，从某种意义上讲，任何管理者都不能说："这是我自己的事，与他人无关。因此，我的所作所为不会真正影响到其他任何人的利益。"管理者位于社会舞台的中央，受万众瞩目。

因此，不同于未来的管理工作，现如今的管理工作实际上具有三个方面：是一项需要各种目标和工具的工作；是一项需要具备特定品质和

⊖ 皇家委员会（Royal Commissions），某些君主制国家针对特定问题进行正式调查的主要机构，由国家元首根据政府的建议创建，一般具有非常大的权限，且政府不能妨碍其工作。——译者注

⊜ 童军（Boy Scout troop），国际性青少年社会活动团体，1907年，由英国人贝登堡创立，旨在向青少年提供生理、心理和精神上的支持，培养健全公民。——译者注

能力的工作；是一项若愿意做，就想方设法做好，若因能力或认识所限不能做，就交给有能力之人去做的工作。这三个方面是管理工作的界限所在。

企业集团[○]即将陷入困境

企业集团中的任何个人或团队能够管理天差地别的大量业务，这是一件值得怀疑的事情。很久以前，我就已经与企业界打交道。20世纪20年代，我在伦敦金融城[○]的第一份工作是清算陷入困境的大型银行，算是一名相当不错的国际"掘墓人"。我并不想去清算20世纪60年代陷入困境的巨头。然而，恐怕未来10年内这些巨头将陷入困境。

坦率地讲，我不相信一个人能够通过汇报材料管理一家企业。我是一个重视数字、核算、用数据说话之人。但我也知道概括性的汇报材料只能告诉我们已经决定要问的问题的答案。汇报材料往往高度抽象，当我们能够理解和认知材料背后的意义时，它们才能够发挥作用。管理者必须把大量时间花在企业外部，那里才是产生成果的地方。企业内部只是产生成本。管理者需要考察市场、客户、社会以及知识，并思考那里发生了什么。所有这些都位于企业外部，汇报材料绝不可能告诉管理者这些领域的信息。

在生死攸关的时刻，也就是当企业陷入困境时（从没有始终一帆风顺

○ 企业集团（Conglomerate）：由大量分布在各行各业的公司组成的企业，许多此类企业出现于20世纪60年代末。——译者注
○ 伦敦金融城（City of London），伦敦主要的中央商务区和历史遗迹所在地，也是全球首屈一指的商业和金融中心。——译者注

的企业），对企业的理解而不是计算会产生很高的溢价。对于企业集团的管理层过分相信汇报材料，我深感不妥。汇报材料能提供大量信息，让我们产生一切尽在掌控的感觉，但汇报材料也时常误导我们。所以我主张，除非从企业中走出去，加深对企业的理解，否则即使掌握最新的信息，也仍有可能是在维护过时业务。

个人能够管理并投资于多家企业的观念立足于下述假设：如果事情进展不顺利，大可以出售股票一走了之，让其他人担心即可。但我认为，管理意味着对绩效和方向负责，管理者必须理解企业集团的核心业务。假设某人掌管一家航运企业、一家银行、一家保险公司、一家巧克力公司、一家石化公司以及一家图书出版公司（这是我熟知的一家企业集团的构成），那么在生死攸关的时刻，他会欠缺这种理解。我难以理解那么多企业，甚至理解一家企业都已经很困难了。我也无法理解那么多市场，更不具备相应的气质。出版业者与百货业者截然不同，也应该不同。女士内衣购买者与文学小说购买者，在知识和气质上也存在巨大差异。因此，我对当今的企业集团深表忧虑。

与此同时，传统的划分标准、产业分类、技术路线等，都不再适用于我们所处的现代社会。各种类别之间的界限日趋模糊，彼此相互影响，甚至出现交叉。购买包装之人，买的不是锡罐，更不是纸张或玻璃，而只是包装。客户不关心包装使用什么材料。另外，如果你掌管一家玻璃企业，那么从窑炉里出来的产品只能是玻璃，无论你多么努力都不可能生产纸张。这是一个非常现实的问题，导致以往的产业结构越来越不适应现实。

美国各类企业集团的缔造者，是最早理解新兴资本市场之人，这一点是传统的直线管理者不具备的。在过去的三四十年中，由于大批拥有足够剩余资金的中产阶级迅速崛起，新兴资本市场得以形成。在我年轻的时候，伦敦金融城流传着一句格言，大意是说99%的人在购买必需的人寿保险和抵押贷款之外就没有足够的剩余资金了，即只有不到1%的人进入资本市场。现如今，大约25%的英国人在资本市场上开展交易。在美国，该比例已经接近40%。甚至在欧洲大陆国家中该比例也已经达到10%～15%。可以说，这已经成为一个提供各种选择的真实市场。

企业集团的缔造者也是最早理解新兴资本市场的需求之人，并且在该市场上开展了整套交易。然而，我们都已经认识到，对新形势的最初反应是错误的——问题正确，但答案错误。所以，我认为企业集团正在给出错误答案，并且起码在美国我们所有人都将为此付出沉重代价。

我认为，你们需要找到一种方法，一方面适应日益复杂的技术和市场环境，另一方面保持特定的核心市场或核心技术。下面是关于这类企业集团的两个案例。西尔斯公司或许是世界上规模最大的零售企业。只要是美国家庭需要的物品，包括布料、内衣、人寿保险、花园设施等，该公司都会采购。只要美国家庭存在需求，那么就是西尔斯公司要开展的业务，因为西尔斯公司的管理层把家庭视为一个经济单位，并且自我定位为家庭的专业买家。商家的角色绝非只是销售者，从来都是消费者的买家。因此，企业集团无论包括多少不同的业务，都应该是一家具有核心业务的企业。

另一个极为典型的案例是康宁玻璃公司⊖。该企业积极进入任何基于

⊖ 康宁玻璃公司（Corning Glass），1851年由艾莫利·霍顿创办，主营特种玻璃、陶瓷等，2007年与乔布斯合作开发iPhone，是苹果公司的主要供应商。——译者注

玻璃技术的市场。由于精通核心技术，所以只要是与玻璃相关的市场，它都会积极参与。例如，在电视显像管市场上，康宁玻璃公司是最大的生产商。上述两家企业集团的管理都比较得当，对我们很有借鉴意义。然而，有些掌管航运公司的朋友，试图通过经营香水公司来规避经济风险，我担心他们会遭遇困境。事实上，他们已经步履维艰了。

多种标准而非单一标准

我从不认为存在"唯一"正确的效率衡量标准。或许这是承认失败。我甚至已经放弃寻找唯一正确的衡量标准。我希望采用多种衡量标准。当需要制定资本拨款决策时，我希望参考资本回报、支出、贴现现金流三个方面的标准。这也是我对如今的计算机的要求之一。10年前，25 000名办事员耗费25 000年时间才能掌握这些数据。我会根据三个方面的数据，思考能从中得知什么信息。如同内政部的法医会把死者的头发纵向、斜向和横向切割，以细致入微地检查这三种头发，从中获得关于谋杀案的更多信息。

我永远不会从每股收益开始分析，因为杠杆极为不可靠。首先，我们中间一些年龄较长之人肯定记忆犹新，杠杆的作用是双向的；其次，企业可能生产率低下，利润低微，但我的投资照样能够获利丰厚，这是一个着眼于短期的潜在假设。如果你能在6周后售出，那就没问题；但如果你被套住了，那就有问题了。我会把总资产回报率作为关键数据，换言之，我会观察每美元的投资回报率、资本生产率和增值。但我也关注每股收益，因为我理解了一家企业的经营之后，会思考如何为其融资。

我说话像个老派银行家，事实上这正是我曾经的身份，但你们会惊讶于融资技巧的落后程度，同样会惊讶于只有很少实业家懂得如何构建融资体系。许多企业利用股本为商品生产融资，这简直疯了。商品是银行贷款的对象。很少有人认识到，一旦你理解了整个经济体系，接下来就会构建一个运用各种不断变化的资金流的融资体系。我们时常会发现有些企业经营状况良好，但财务状况非常糟糕，所以每股的收益过低。人们可以对这类企业再融资、重组，以提高其吸引资本的能力。有时你们会发现相反的情况，市场中的每个人都蜂拥而入大量购买某家企业的股票，原因是每股收益似乎在上涨，而实际上该企业的利润非常微薄，只不过通过金融花招儿巧妙地伪装起来了。这种情形最多可以坚持18个月，随后股市就会突然意识到不对劲，但在这18个月期间，许多人会被欺骗。所以，关于企业的一切事务，我从不仅仅参考一个衡量标准。首先，这些衡量标准本身不是很完善；其次，我们对任何衡量标准的理解程度不足以使其作为最终的"唯一"衡量标准。

评判管理的第一条标准

大家知道，在每一家组织中，都有一些人被提拔到不能再做出卓越绩效的岗位。此前，他们绩效卓越，所以被提拔。当他们的绩效不再突出时，他们就不能再晋升了，但会留在那个岗位上，我们都曾经遇到过这种情况。组织根据绩效提拔人员，直到把他们提拔到超出其能力范围的岗位上，如果这种情况无法避免（确实无法避免），或许这就是我们应该着手解决的问题，而不仅仅是无奈接受现实。我认识的若干最优秀的管理者，会花大量时间从事其他人不会操心的事情，也就是深入思考组织面临的困境。

例如，初创时期加入公司的某位年轻人，成为一名优秀的簿记员。如今公司已经发展为大型企业，时势把他推到了现在的位置——公司财务副总裁，但他的观念依旧停留在簿记员的水平。相信每个人都会遇到若干类似的例子，金融行业和其他行业都有很多这种案例。此人在公司服务了 28 年，已经接近 55 岁了，每天朝九晚五兢兢业业，从没有人批评他，如今，岗位要求已经超出其能力范围，他反而成了公司的隐患。

面对这种情况，我们该怎么办？多数人可能说："我们没办法，只能围绕着他构建组织。"我认识的那些优秀管理者不会认同这种观点，他们会说："没错，他忠诚地为组织服务了多年。但我们早就应该采取纠正措施，如今已经为时太晚。当初我们不应当让他晋升到如今的岗位，现在事已至此，我们绝不能让他继续待在目前的岗位上，因为他正给组织造成严重伤害。"之所以说他会给组织造成严重伤害，并不是因为他不是组织需要的合格财务领导者，而是因为他会给组织成员传递信号——"这就是组织真正想要的"。他的存在会导致优秀的年轻人愤世嫉俗，这是一种不可饶恕的罪过。

你们也不会解雇此人，并非因为组织内多数成员反对，而是因为我们都是非常正派的人。但是，如果允许他留任原职，那么就代表你们自己渎职了。所以面对这种情况你们该怎么办？有些人对此束手无策，只能无奈地期望："好吧，我们再忍 10 年，等他退休就好了。"但通常情况下，只要你们肯花时间，总能找到一个两全其美的解决方案。当然，两全其美从来都不多见，这是对管理层的考验。所在的组织、相关专业人员、行政人员、管理人员，甚至直到车间员工正是通过这一点才能真正见识你们的能力。

组织成员通常根据两条标准评判管理层。第一条是"管理层使我们忙碌吗？懂得如何保持我们的工作状态吗？"因为如果你们做不到，显然就表明没有认真对待所在的组织和工作岗位。组织成员对管理层的唯一要求是能力。允许人们无所事事虚度光阴的组织必然管理不善。第二条是"管理层有没有抱着同情态度，想方设法巧妙地处理特殊情况？"前面的案例就是对这条标准的检验。在你们的管理团队中，恐怕都可能会存在类似的缺乏能力之人。如果此人仅仅与你共事了5年，那么你可以解雇他，做出这个决定并不难。但如果你们已经共事了30年呢？你能把他调到起码不会给组织造成严重伤害的岗位吗？怎么做才能两全其美，并且告诉组织内的每个人"管理层熟悉相关情况并采取了行动"？

在我熟知的大型组织中，频繁遭遇这种情况的例子不出一打之数。所以，从数量上看这不是一个大问题，然而从影响上看却不尽然。对此从没有一个标准的解决方案。对于相关案例必须具体情况具体分析，每一个案例都涉及让优秀管理者夜不能寐的人员问题。发扬你们的同情心，清醒地面对现实情况以妥善解决人员问题，组织将据此对你们进行评判。这就是企业中的领导力。

人员流动的神话与现实

在美国，我们时常看到企业招聘化学工程师的广告，往往要求年龄

40岁以下，且具有不少于40年[○]的工作经验。美国人员流动性的神话并不一定非常符合现实。你在实际分析一家当今的大型企业时会发现，初次就业5～7年内的管理者和专业人员，流动率非常高。同时，最高管理者的流动率也比较高。然而，位于二者之间的人员，流动率几乎为零，这些人非常接近于日本的情形，几乎享有终身雇佣制[○]。

如果你对这个问题进行细分，会发现年轻人跳槽非常频繁。在许多情况下，年轻人也是不得已才出此下策。大量企业通常都有非常完善的人事政策，但往往都被束之高阁。以一位刚开始从事工程设计的年轻人为例，3年后他可能发现自己入错了行，尽管所在的企业正在公开招聘销售工程师，但他没有应聘的资格，因为老板对他任何想要调整工作岗位的想法都予以拒绝。所以，此人不得不辞职，而导致这个结局的责任显然在于企业。

我的学生年龄通常在30～33岁，有6～10年的工作经验。当他们来向我请教，并告诉我一些这类事情时，我会盯着他问："你为谁工作？"他们会说："为某某公司。"我会接着对他说："你工作的地方街对面就是你们公司的招聘办公室。你辞职，然后去那里应聘，第2天就会得到18个月来一直梦想的工作。"这个办法屡试不爽。

当然，这并不是年轻人流动率居高不下的唯一原因。流动也是年轻人发现自我的一种方式。这并不是为他们的诸多过火行为开脱。流动过后，年轻人的工作会逐渐趋于稳定，纷纷结婚生子，使他们保持稳定的

○ 原文如此，疑为"10年"的笔误。——译者注
○ 终身雇佣制，是日本经济泡沫破裂前，企业正式员工享有终身受雇待遇的制度，是日本经济高速增长的原因之一，但在20世纪90年代经济泡沫破裂后逐渐被放弃。——译者注

因素会越来越多。若干年后，当他们晋升至最高管理层时，流动率会再次上升。

在另一个领域，我们可能会面临一个相对较小的问题：44~45岁的优秀技术职能人员担任市场研究主管的时间已经长达15年，此时已经对自己所在的玩具市场了如指掌，以致深感厌倦。他心里一清二楚，自己绝对不可能晋升为营销副总裁，所以他可能会希望调整工作岗位，并且也应该调整。继续待在当前岗位上会使他成为寄生的藤壶，越来越拖慢船只行进的速度。这些人在养老金等方面往往面临很大风险，所以不得不谨小慎微。因此，在无望晋升或不想晋升的纯粹职能性中层人员中，我们应该具有更高的流动性。这些人早已对长期从事的工作厌恶至极，毫无热情，也丧失了继续学习的意愿。在这种情况下，他们很清楚唯一正确的方式是什么，错误的方式是什么以及企业的实际举措是什么。

小型企业的绩效更卓越

在过去的40年中，我时不时听到"小型企业陷入困境"的论调，并且自己也一度深信不疑。20年过后，我反问："证据呢？"结果根本找不到切实的证据。实际上，在过去的20年中，所有国家（包括英国）小型企业的绩效都要比其他企业好得多。这期间无数的小型企业纷纷成立，更多的小型企业繁荣昌盛，甚至所谓"小型"的含义可能也发生了变化。在过去的50年中，任何主要国家中企业分布的变化异常小，也就是说，当今的企业兼并浪潮并没有真正威胁到小型企业。

多数小型企业的负责人相信，首先，他们既需要精简管理层，又需要加强管理。大型企业有条件雇用大量专家，而小型企业负担不起，所以必须在相关领域更加出色才行。其次，他们比大型企业更加需要明确的目标。因为小型企业的资源更紧缺，所以更加需要集中经营，认清自己真正想要做什么。此外，小型企业面临一个与众不同但非常重要的难题——接班问题。正因为小型企业往往是家族企业，并且除了允许非家族的专业人员成为所有者，没别的办法（在当前的税法下难以实现）给他们支付高额报酬，因此小型企业对最高管理岗位绩效的要求更加苛刻。家族企业成功的秘密非常简单，只要负责人能够要求最高层的家族成员比其他人加倍努力，那么家族企业就会兴旺发达；相反，一旦允许纨绔子弟进入管理层，家族企业就开始衰败，因为只要受雇人员是优秀人才，那么就不会再为该企业努力工作。同时，在家族企业中，下级人员非常愿意为不太明智的家族成员工作，因为他们容易糊弄。

小型企业的真正难题不在于规模，而在于超出小规模后，会进入一个死亡率非常高的阶段，许多这类企业的规模已经超出了创始人有效管理的范围，所以纷纷被收购。根据客观的分析，小型企业应该获得成长，但总有一天会碰到无形的天花板。由于创始人反而会成为企业继续成长壮大的障碍，所以你们中间可能有人会问，如何才能改变他的基本习惯呢？坦率地讲，部分创始人并不希望企业成长壮大。

我认识一些企业的创始人，他们某个时刻突然意识到已经雇用了300～500名雇员，产品横跨五六个市场，此时他们必须为企业构建管理团队，获取相关信息，并深入思考自身的角色。创始人认识到，自己必须停止在各个领域亲力亲为，必须构建、鼓励、领导管理团队的成员。这是小型企业会遭遇的真正危机。因为这种转变不仅仅涉及量的问题，还牵涉行为习惯和价值观念，所以小型企业成长为中型企业的难度非常大。

计算机的主要作用

计算机最早出现于20世纪40年代末，尽管所有人都在谈论计算机的快速发展问题，但至今仍未形成信息产业。当前我们欠缺的主要不是实体设施，而是所谓的软件——概念、思想和逻辑等。我们还需要大量外围设备和传输设备，这些设备能够帮助人们使用计算机。所以，计算机的重要作用是为办事员创造了无限多的就业岗位。尽管这个进步不是非常激动人心，但我们已经非常接近形成完整的信息产业了，因为所有可能需要的零部件已经就位：通信卫星、电视屏幕、复印机、快速打印机等。

当前我们缺少的，主要是促进人们利用计算机的"大概念"。只要我们固执地试图让计算机承担超出能力范围之事（比如让它说话），那么它就不会成为真正有用的工具。在音乐方面，东西方音乐的分野就在于圣·安布鲁斯⊖发明的乐谱。在圣·安布鲁斯之前，东西方音乐都是用文字来描述（现在东方的音乐依旧如此），这意味着你不能有合奏音乐，也没有音调，并且必须要记住才行。但如今我们都希望7岁的孩子仅在2周内学会乐谱，并且多数孩子能做到这一点。

我们正处在学习"乐谱"的开始阶段，本质上它将使得每个人都能

⊖ 圣·安布鲁斯（St. Ambrose，339—397），米兰主教，罗马帝国利古里亚和艾米利亚总督，发明了"对唱圣歌"（antiphonal chant），把赞美诗从东方教会引入西方教会。——译者注

够使用计算机，并且无须做那些极其笨拙、缓慢、昂贵的"编程"或转换工作。可能还需要10年时间，合适的乐谱将使我们能够以电子方式运用电子媒体，而不再用当前电子媒体难以处理且我们也难以掌握的笨拙语言。

在今天的孩子们看来，电话是生活中自然而然的一部分。同样，未来的管理者也会把计算机视为生活中不可或缺的一部分。信息是一种新形式的能源，为智力提供能量。管理者应该如何处理信息？首要的问题是，信息会让你们解脱吗？能让你们用于控制的时间越来越少，做重要事情的时间越来越多吗？如果使用计算机的后果是，你能审阅更多汇报材料，那么你就是在误用它，或者说你正在被误用。顺便说一下，这种结果会削弱你的控制：控制不是知晓大量事情，而是清楚发生的事实及其影响。

运用计算机的恰当方式是：在你非常清楚自己的期望的情况下，计算机让你可以不用专门花时间控制运营；如果你期望之事没有发生，那么计算机会让你立刻知晓；但只要期望之事发生了，那么你就无须过于担心。第一条检验标准是，计算机能够让你有多少时间走出办公室？在办公室中，你是以成本为中心的，而不是以成果为中心的。如果使用得当，计算机就是一种让你解脱的工具，否则，你就会成为计算机的奴隶。计算机应该帮助你摆脱办公和运营工作，让你有时间与他人交往，与外界接触，因为组织的成果源自外部。

第二条检验标准是，计算机对组织成员的工作有帮助吗？是不是**除了工作之外**，组织成员从事其他事务都更加容易了？过去往往几乎没有选择，但现在已经不同以往——如果你能够恰当地指导组织成员和计算机专业人员，而不是让他们来告诉你他们应该聚焦于什么事务，那么计算机无不被用来处理薪资业务。计算机能够非常容易地处理人们的薪资业务，所以大家可以尝试一下，但不要盲信处理那些无关紧要之事的速度提高3倍就是巨大的进步。

如今，现场销售是企业中最难以通过信息和数据处理取得卓越绩效的管理领域。销售经理往往被各种各样的文件淹没，无法得知消费者是谁，也不去培训销售队伍。他们从没有跳出来。优秀的销售员往往不擅长处理订单，销售能力与文笔水平几乎成反比。在后台工作间里，你可以安排6～12名女性文员处理销售现场传递过来的订单，她们能快速处理优秀销售员的订单，而其他销售员的订单却很少。优秀销售员不是订单处理员，反之亦然。

因此，这是一个需要进一步考虑的领域。销售员最宝贵的资源是时间。如果你发现（你早晚会发现）销售员70%～80%的时间都用来反复传递信息，那么这就是未来应由计算机从事的工作。计算机专业人员会说，这些并不是真正的技术性工作。无疑他们错了，你必须说："没关系伙计们，如果你想从事技术性要求高的工作，那么回大学继续深造吧。现在你从我这里拿工资。"或许你可以说得更加委婉。很久以前，我就已经懂得了直截了当，因为你采取暗示方式时，对方往往听不进去。

我们需要思考"在哪些领域，处理数据本身已经成为一种目的且被允许超出工作的范围？"那就是数据处理人员最好去开展工作之处。接着我们需要思考："不断偏离组织要求的重复性危机是什么？"是我始终反对的年度去库存大战吗？或者是其他我们没有真正想明白或没有提前预料到的不该发生的重复性危机吗？如今，起码我们已经能够在制度体系中构建早期预警机制。

这就是我给计算机专业人员的指示。我会说："伙计们，现在你们已经学会了如何处理薪资业务；你可能也学会了如何处理信贷业务；你甚至可能学会了如何遵循来自工厂的订单，并且根据运输和消费者承诺协调工厂的生产计划。"（虽然每个人都说自己做过这件事，但我从未见有人真正做过。）"很好，你们已经学会了如何从事大量文书工作。现在，我要你们开始从事信息工作。"

最耗时间的岗位将消失

因为管理岗位是一种新事物，所以在过去的50年中相关著作层出不穷。未来这类岗位的重要性不会减弱，但会变得相对不那么急迫。一直以来多数管理者耗费时间最多的岗位将会消失。关于已经发生的事情，管理者将不再耗费大部分时间用来搜寻一点点不可靠的信息。接受这个事实吧，未来不久管理者就能够做到这一点。开创现代工业的高曾祖父一代人，把多数时间用来获取一点点的权力。现如今我们已经反过来，没人非常关注权力的来源。未来我们也将不再担心从哪里获得另一种形式的能量：思想的输入和信息的输入。这也将变得很容易。

然而，如今我们必须更加深入理解管理工作中的企业家部分，在过去的五六十年中，我们确实对这方面的关注非常少。有两个非常严格且互不相同的原因。首先，我认为，20世纪剩余的1/3时间很可能与19世纪同一时期一样具有高度的创新性。我们已经有了许多立足于20世纪知识成果的产业，这些产业各不相同。对创新的需求将越来越大，不仅需要技术创新，更亟须社会和经济创新。其次，19世纪后期的创新模式，即个人发明家采取某种方式与有钱人合作，有可能会重新流行。

大量创新活动将不得不在现有企业内部开展，迄今为止这还是头一次。然而总体来看，现有企业没有能力从事真正的创新，如今这种观点已经得到证明。尽管企业纷纷投入巨额资金从事研发，但往往除了几栋如公园般漂亮的高楼大厦之外所得甚微。

单单考虑到经济现实，我们也必须学会从事创新工作。在每一个发达国家，不仅单一税制⊖迫使资本留在现有企业，而且优秀的人力资源也集中在现有企业，开发新产业本质上需要最优秀的人员和巨额资金。同以往相比，新发明并未以更快的速度转化为畅销产品，反而要缓慢得多了。19世纪，在电灯和电话发明后的几个月内，伦敦以及大西洋对岸的城市中就出现了相应的商业经营。如今再也不会有这种速度了。现如今，创新发明需要耗费10来年时间，并且开发阶段所需资金大幅增加，需要多得多的知识，此外复杂性也要高得多，这意味着将不得不由现有企业承担创新任务。

这要求极度重视系统性地学习创新，并将其作为现有企业之管理工作的一部分。在创新方面，我们所有人的绩效在开始阶段都非常差，所以每个人都处在同样的起跑线上。技术差距已成为过去，这是因为涉及新行业时，相关各方都没有优势可言。未来的优势取决于谁能够更好地学习创新，并且创新工作的很大一部分是营销和开发。进而，优势也取决于在同一公司根据不同方式组织两种不同的工作：管理和创新。这就

⊖ 单一税制（single taxation system），同一性质税基（包括收入、财产或其他课税客体），无论金额多寡，均以同一、固定税率进行征税的一种税赋制度。——译者注

要求，我们虽然没法在心里把二者彻底分开，但至少应该区别对待。

如果你还想知道自己所在行业的发展方向、未来的产品和需求，那么不要把眼光局限于国内市场。无论是美国那么大的国内市场，还是卢森堡那么小的国内市场，都非常不可靠。所以一定要紧盯国际市场，因为国际市场通常是非常可靠的。美国市场引领潮流的神话显然是错误的。从来都是世界市场引领潮流。如今真正的市场研究是世界市场研究，我们必须要学习观察世界市场，而不是仅仅局限于国内市场。

把主权国家作为中心机构的观念（霍布斯㊀、洛克㊁、卢梭㊂等人的思想）已经不再符合现实。所有大型的、组织化的、管理型的、有特定目的的社会机构都是自治的。这些机构可以被引导，能够被领导，甚至一定程度上可以被控制，但无法被消灭。这些机构是社会必需的事物，是完成大量工作的唯一方法。政府可以把这些机构国有化，但不意味着真正掌控它们。相反，我们都已经知道，使某件事情失控的一种方式就是国有化，这是我们这一代人为数不多的有充分证据的事情之一。

尽管企业并非尽善尽美（我们清楚这一点），但很大程度上由于企业在解决上述问题方面的时间更长，所以仍然遥遥领先于其他社会机构。因此我们把企业视为现代组织的典范。不仅在企业中，而且在整个社会中，管理都是一项核心职能，社会的存续有赖于管理取得的绩效。因此，

㊀ 霍布斯（Thomas Hobbes，1588—1679），英国启蒙思想家，阐述了一种社会契约理论，代表作《利维坦》。——译者注

㊁ 洛克（John Locke，1632—1704），英国经验主义哲学家，主张政府只有在取得被统治者的同意，并且保障其拥有生命、自由、财产的自然权利时，统治才有正当性，代表作《政府论》。——译者注

㊂ 卢梭（Jean-Jacques Rousseau，1712—1778），法国启蒙思想家，其人民主权及民主政治思想产生了广泛影响，代表作《社会契约论》。——译者注

管理者（尤其是企业中的管理者）突然增加了一个新的维度：作为榜样发挥领导力。这就是未来面临的新挑战，也是管理者的新工作。我们如何使得组织具备创新能力？如何使得各类知识富有成效？如何使我们的企业和产业在一个异常复杂、风险重重的世界经济体系中经营？这都是我们真正必须要做之事，以便使聚光灯下最引人注目、最清晰可见、最高级的角色（为社会和个人而使组织富有成效之人）有效履行领导职能和代表性职能。

传统组织结构的未来

有充分的理由怀疑，我们所有人熟知的传统组织结构在未来能够像过去 40 年中一样发挥作用。每个人都熟悉金字塔式结构。传统的组织结构源自军队，因此是一个以等级为中心的结构。当你审视高技术或知识密集型企业时，你就会发现这种组织结构行不通。你确实需要拥有决策权，必须有某个人来最终拍板，接着事情才会告一段落，辩论也会终止。你确实需要一个有序的工作流程，但思想不能经由这些流程，否则就会被扼杀。

我们注意到，新出现的组织结构本质上都非常复杂。打个比方，若说传统组织结构是机械性的，那么新结构就是生物性的。任何生物组织都不止有一个脉络而是至少有两个脉络，且通常会有三个脉络。肌肉、神经、循环系统都是组织的根本所在。三种脉络以非常复杂的关系共存。用来描述我们正在做的事的最好方式，或许是说我们正在"愚弄"那些维持机械结构的系统，以便能够根据工作逻辑和知识逻辑进行大量安排。

高技术企业只是为我们指明了方向，实际上它们自身面临的问题也非常棘手。企业可能同时雇用一位物理学家、一位细胞生物学家、一位通信工程师，管理者不能说其中某位比另两位更加重要。执行某项任务时，可能某人会相对更加重要。执行另一项任务时，则很可能另一个人会发挥更关键的作用。因此组织需要拥有自组织的团队，这类团队位于有序的决策框架和程序框架内，目的明确、秩序井然、高度自律。尽管当前已经有许多这类实例，但尚不足以让我们概括出相关原理。但我们可以说，这一点是能够实现的，且将会实现。在传统组织中，少数人位于顶层，掌握所有决策权，拥有全部知识，其余的人在机器旁工作。在如今的组织中，大量成员由于自己贡献的知识（最重要的是贡献信息）而获得收入。当我们把关注的焦点从前者转移到后者时，我们就会发现更多这类发展趋势。

第一，自由型组织（无论你想用什么时髦词儿来形容它们）⊖需要设立极为明确的目标，要比等级制、金字塔式组织的目标清晰得多。相比之下，等级制组织⊜中位于顶层的领导者能够改变想法，所以，你会发现至少在理论上，这类组织的目标从上至下往往变化非常快。（实际上，你们不能这么做。）自由型组织还需要成员自愿致力于目标，力争达到非常严格的绩效标准，否则，自由型组织就会退化为辩论社团。

第二，自由型组织要求成员为贡献负责，要求领导者说："听着，我们会尽量不打扰你，但我们只能把工作委托给一位理解工作之人，而不

⊖ 自由型组织（free-form organization），根据权变观点设计的组织结构，就像阿米巴（amoeba）一样随时因自身的需要而变形。——译者注
⊜ 等级制组织（hierarchy organization），组织成员处于等级序列中，由上级监督并指导下级人员的组织。——译者注

能委托给不理解工作之人。因此，如果你想要自治（我们也希望你享有自治），那么你的任务就是深入思考并告诉我们，我们应该让你为哪些贡献负责，你的优先事项是什么。或许我们需要考虑一下这些事项，然后说这些事项貌似不错，但对我们没有意义。或许我们考虑一下某事，然后说这非常好，但我们要为企业负责，此事并非我们正试图要做的。但主动作为，深入思考，并集中精力于整个组织的成果，是你的责任。或许你会说，你真正想做的工作直到15年后才会显现出成果。好，某些事务的前置时间[⊖]非常长，我们对此无能为力，但起码我们可以把这些事务转化为目的和目标的一部分。"除非你让下级加强自律，否则所有人都会非常愉悦——但也仅此而已。

工业关系将越来越尖锐

在未来很长一段时间内，新闻头条的焦点将集中在人员管理的工业关系方面，但这是以往时代的殿后行动，且殿后行动从来都不能赢得未来。殿后行动的宗旨是让主力得以脱身。未来，越来越多的工作岗位是动员知识和知识工作者。雇用知识工作者的成本非常高昂，这不仅因为他们的薪酬很高，而且因为他们往往不是那种可以在多种岗位就业之人。知识往往是专业的、具体的。知识工作者要么绩效卓越，要么完全没有绩效。一般来说，不温不火的知识工作没什么价值。

但是迄今为止，我们多数人似乎仍然相信，能够用三名普通办事员代替一名卓越的知识工作者。实际上，三名普通办事员不仅不能产生一

⊖ 前置时间（lead time）：从做出决策到产生结果必经的时间。——译者注

名知识工作者创造的成果，而且他们实际上将一事无成——彼此只会互相干扰。所以在多数地方，我们将同时面临严重的人员过剩和人员短缺。归根结底，知识是发达国家拥有的唯一资源。当涉及驯服的劳动力时，欠发达国家拥有巨大优势。如果发达国家对管理一知半解，那么将无法与欠发达国家劳动力的生产率竞争。

因此，尽管我们将不得不担忧工业关系，但这将越来越成为一个纯粹消极的、防卫性的领域，这方面人们所能做的就是希望不要陷于不利境地。机会在于使知识富有成效，从而使传统劳动力本质上变得无关紧要。然而，这也意味着工业关系将越来越尖锐，工会领导者非常清楚这一点。发达国家的产业工人知道自己变得无足轻重，这个事实将会使他们越来越痛苦，越来越心生抗拒。在过去的70年中，工业发展最主要的受益者是产业工人，如今他们突然发现自己在工业社会中的地位和功能岌岌可危了。我们把以往既没有收入保障又没有工作保障的临时工转变为了收入和工作都有保障的机器操作员。产业工人将奋力维护的，不是自身的地位和功能，而是已经到手的权力。当工党政府⊖开始探讨关于工会的立法时，意味着发生了某些极其重要的事情。

老套的、传统的补救措施（员工进入董事会）将无法解决这个难题。无论我们在何处尝试采取这类举措，都不会对普通员工造成影响，也不会妨碍管理层。与其说这是一种实际措施，不如说只是一种象征。我会说："不要让员工参与管理过程。他们应该为管理者所做的哪些决策承担责任？他们应该为仅与管理者负责之事存在微弱联系的决策承担责任吗？"

⊖ 此处是指英国政府，1964～1970年工党执政。——译者注

大约 30 年前，我曾经帮忙管理一所文理学院。我们把学生们叫过来，告诉他们正处于战争时期，学院人手不足，只能请他们帮忙处理若干事务。除了教学、教师招聘、课程安排之外，其他所有事情他们都可以参与，甚至包括食堂管理。第一年他们把事情搞砸了，但我认为并不比教师委员会的表现更糟糕。但在第二年，他们的表现非常好，没有出现大的纰漏，领导者也日益显现出来。他们试着推出若干大胆举措，其中有些成功了，有些失败了。但他们工作非常认真负责，或者是他们饿了，在他们连续两年不能秩序井然地吃饭之后，食堂的工作安排终于步入正轨。你会惊讶地发现这对他们而言是多么有益，如果你没有对食堂工作进行计划，那么将一事无成。

有多少事务本应留给雇员自己来做，却由于偶然原因被管理者做了，包括大量有关工厂纪律之事、工作的安排等？毫无疑问，大量管理者正在处理这些事务。好，下一步就裁撤冗员吧。

第 7 章 | CHAPTER 7

第一次技术革命及其经验教训[一]

众所周知,方兴未艾的技术革命会对个人以至自由、社会、政体产生何种影响是人们越来越关注的问题。与技术引领的乌托邦式救世主诺言相伴而来的,是一种最可怕的末日景象:人被技术奴役、自我异化、疏离社会、所有人类价值和政治价值灰飞烟灭。

虽然当今的技术爆炸日新月异,但与7000年前第一次伟大的技术革命对人类生活的影响相比,后者的意义更加重大。正是在那时,人类的第一个伟大文明(灌溉文明)得以确立。最早是在美索不达米亚,后来在埃及和印度河谷,最后在华夏,孕育了新型的社会和政体——灌溉城市,

---

[一] 1965年12月29日,技术史学会年度会议的主席报告,发表于1966年春《技术与文化》。

后来迅速发展为农业帝国。除此之外，人类生活方式和谋生方式的其他任何变革（甚至包括当今的变革），都未能如此彻底地改造整个人类社会和人类共同体。实际上，如果只从发明文字的角度考虑，那么灌溉文明是人类历史的起点。

灌溉文明时期显然是技术创新的时代。在整个人类历史上，只有18世纪以来的技术创新（包括技艺、工具和流程）浪潮，才能在规模和影响力上与之相提并论。确实，从技术对人类生活和人类社会的影响来看，18世纪之前的技术在本质上都是一样的。

灌溉文明不仅是技术创新的伟大时代，也是人类社会创新和政治创新方面最伟大与最有成就的时代。思想史往往回溯到古希腊㊀、旧约先知时代㊁或华夏的早期王朝，那个时代的思想资源迄今仍能激发人们的满腔热情。但人类基础性的社会和政治制度在政治哲学诞生时已存在了几千年，它们都是在灌溉文明初期孕育和建立起来的。任何研究社会、政治制度、政治过程的专家学者，越来越愿意追溯至那些早期的灌溉城市。并且，通过借鉴过去半个世纪中考古学家和语言学家的研究成果，我们掌握了越来越多的信息，对灌溉文明的具体情况越来越了解。人们越来越能够还原历史的真实面貌，有助于更好地理解古代和现代社会。实际上，人类当今所有的社会和政治制度，都是那时创造并发展起来的。下面是若干例子。

㊀ 古希腊，位于欧洲东南部，地中海东北部，不是一个国家，而是一个地区的称谓，包括克里特文明、迈锡尼文明、"黄金时期"各个阶段。——译者注
㊁ 旧约先知时代，是指神通过先知与人交流的时代，大致存在时间为公元前8世纪至公元前7世纪。——译者注

（1）灌溉城市最早设立了特有的常设机构——政府。灌溉城市建立了非人格化的政府，设置了明确的等级结构，迅速形成了货真价实的官僚体制。进而，在官僚体制的支持下，灌溉城市发展为农业帝国。

更为根本的是，灌溉城市的人们最早孕育了公民观念。灌溉城市不得不超越狭隘的部落和宗族范围，将不同出身和血统的人融合为一个共同体。灌溉城市最早清晰地区分风俗和法律，促进了非人格化、抽象的、法典化立法体制的发展。实际上，所有法律观念（不论刑法还是民法）的起源，都可以追溯至灌溉城市。近 4000 年前的《汉谟拉比法典》⊖是世界上现存最早的成文法典，甚至仍然适用于当今发达工业社会中的大量司法事务。

农业者防御脆弱，易受攻击，并且无法快速转移，迫使灌溉城市设立了人类历史上最早的常备军。灌溉城市拥有先进的技术，在人类历史上首次产生了大量剩余产品，因此成为城墙外草原上和沙漠中游牧部落垂涎的目标。随着军队的发展壮大，专业性战斗技术和作战装备不断完善，战马和战车、长矛和盾牌、盔甲和石弩等纷纷涌现。

（2）正是在灌溉城市中，人们最早被区分为不同的社会阶级。农产品是所有灌溉城市赖以生存的基础，所以需要长期从事农业生产的农业者，进而需要保卫农业者的武士。此外，灌溉城市需要掌握知识的统治阶级，最早是僧侣阶级。直到 19 世纪末，人类社会的基本构成部分仍是上述三大"阶级"。[1]

与此同时，灌溉城市进行劳动分工，陶工、纺织工、金属工等技工和工匠得以出现，抄写员、律师、法官、医生等专业人员也应运而生。

⊖ 《汉谟拉比法典》（Hammurabi），约公元前 1772 年，由古巴比伦帝国第六代国王汉谟拉比颁布，被公认为世界上现存最早的一部成文法典。——译者注

由于拥有大量剩余产品，所以灌溉城市最早开展了有组织的贸易活动，这不仅孕育了商人阶层，还产生了货币、信用、超越城市范围的法律，给陌生人和外地商人提供保护、可预期的未来和公正的司法。顺便言之，这就产生了对国际关系和国际法的需求。实际上，19世纪的贸易条约和古代农业帝国的贸易协议没多大区别。

（3）灌溉城市最早拥有了知识，并将其组织化和制度化。因为灌溉城市需要各类知识以建造和维护复杂的建筑工程，管理性命攸关的供水系统。此外，由于不得不管理绵延多年，方圆数百英里地域内的复杂经济贸易，所以灌溉城市需要记录技术，显然这意味着书写系统的发明。由于灌溉城市依赖节气，所以需要天文信息，还需要跨越海洋和沙漠的导航工具，因而必须把所获信息转化为可学和可教的知识，并将搜索和转化过程有序地组织起来。结果，灌溉城市建造了历史上最早的学校，培养了最早的教师，还最早发展起系统观察自然现象的机制，甚至最先找到认识自然的方法，将自然作为外在于人、不同于人，并由自身的理性法则和特定规律支配的事物。

（4）最后，灌溉城市创造出个人观念。通过观察幸存至今的部落共同体，我们可以发现，在城市外面，人们只有组成部落才能生存，个人在部落中既不被重视，也得不到关注。对比之下，在古代的灌溉城市中，个人不可避免地成为中心，伴随而来的不仅仅是同情和正义观念，还有我们所了解的诗歌等各类艺术，并且最终孕育出宗教信仰和哲学。

当然，这些甚至都称不上浮光掠影的概述。我认为，广泛的社会和政治创新支撑着灌溉文明的发展壮大。需要强调的是，灌溉城市本质上是"现代的"（我们通常所理解的含义），并且直到今天的人类历史，很大程度上仍立足于5000年前甚至更早时代奠定的基础。事实上人们甚至可以说，过去5000年的人类历史，很大程度上就是灌溉城市的社会和政治制度向越来越大的地域（地球上所有水源充足，适合农业耕作的地区）扩张的历史。在人类文明的初期，灌溉城市是部落和游牧世界中的绿洲；到1900年，态势刚好相反。

灌溉文明恰恰立足于技术革命，其制度体系能够名正言顺地被称为"技术政体"，所有制度都是回应新技术带来的机会和挑战的产物，本质上都旨在使新技术产生最高的生产率。

请允许我稍微岔开话题。

灌溉文明的历史尚待进一步研究。50年前，这方面的资料少得可怜，如今，可用的资料汗牛充栋。针对历史上的灌溉文明，例如苏美尔文明[一]，已经产生了一系列卓越的研究成果。但是，重现人类创造的伟大成就、讲述早期文明令人荡气回肠的精彩故事，依旧任重而道远。

对诸位技术史学家而言，这应该是一项重要任务。有志于此的历史学家，要做好这项工作起码需要真正理解技术，研究的核心主题将不得不聚焦于第一次技术革命的影响、力量、创造的机遇和挑战。如今，虽然我们对各类社会、政治、文化制度习以为常（因为在很大程度上，5000年来人类一直生活在这些制度中），但在那时这些制度都是全新的，并且都是新技术的产物，旨在尝试解决新技术带来的难题。

我们技术史学会[二]的一个论点是，在整个人类历史发展过程中，技

[一] 苏美尔文明（Sumer），位于美索不达米亚的南部，始于约6500年前，发明了楔形文字，约4000年前被古巴比伦帝国取代。——译者注

[二] 技术史学会，1958年由克兰兹伯格（Melvin Kranzberg，1917—1995）等人创立，1965年德鲁克担任年度主席，主持了在旧金山召开的年度会议。——译者注

术史是一条重要的、清晰的线索。我们认为，如果缺少了关于人类工作的历史和人类工具（即技术）的历史，那么整个历史研究就不能得到全面的理解。我的一些同事和朋友（我只提一些大家比较熟悉的人），如芒福德[一]、费尔菲尔德·奥斯本（Fairfield Osborn）、李约瑟[二]、福布斯[三]、史密斯[四]、林恩·怀特等，在他们各自的著作中，已经详细论述了技术对政治史、社会史、经济史、文化史的深远影响。虽然技术变革一直影响着人们的生活和工作方式，但毫无疑问，在其他任何时代，技术都没有像第一次技术革命期间（即古代灌溉文明兴起的时期）那样强烈地塑造文明和文化。

然而，只有在当今时代，我们才能够全面讲述技术史的故事，所以不应继续忽视这方面的研究。如前所述，资料不再是障碍，并且由于我们自身也生活在一场深刻的技术革命时代，所以能够更好地理解那时（人类文明的曙光时期）发生的事件。正统的历史（学校中讲授的历史）认为，真正"有意义的"历史始于古希腊，而证明该观点的错误，指出其对"古代文明"的误解，是我们面临的艰巨任务。

言归正传，回到前面的话题，我们生活在其中的新工业革命可能会

[一] 刘易斯·芒福德（Lewis Mumford，1895—1990），美国历史学家，城市规划理论家，代表作《技艺与文明》。——译者注

[二] 李约瑟（Joseph Needham，1900—1995），英国生物化学家、技术史学家，提出"李约瑟难题"，代表作《中国科学技术史》。——译者注

[三] 福布斯（R. J. Forbes，1900—1973），荷兰科技史学家，1962年获得技术史学会颁发的达芬奇奖章，代表作《古代技术》。——译者注

[四] 西里尔·史密斯（Cyril S. Smith，1903—1992），英国科技史学家，曾参与曼哈顿计划，代表作《1532~1786年炼钢技术的历史渊源》。——译者注

对人类、社会及政府产生什么影响？我们能够从第一次技术革命中借鉴什么经验？灌溉文明的历史故事是不是表明人类要被其自身的技术成就所决定，受其束缚，被其奴役？或者是不是表明人类有能力将工具用于个人的和整个人类的目的，有能力成为自己设计的工具的主人？

灌溉文明给出的答案包括三个层面。

（1）毫无疑问，重大技术变革创造了对社会和政治创新的需求。这确实导致现有的制度安排变得过时，也的确需要新的非常不同的社区制度、社会制度和政治制度。在这个意义上，革命性的技术变革显然具有**强制性**；它**要求创新**。

（2）第二层答案也意味着强烈的必然性。无疑，通过观察灌溉文明，人们会认识到特定的技术变革同样要求特定的社会创新和政治创新。古代灌溉城市的基本制度体系，尽管存在巨大的文化差异，但都表现出惊人的相似性，由于文化可能会广泛传播，所以这并不能确定地证明什么（我不讨论原始创新者是美索不达米亚还是华夏）。但是，新大陆㊀墨西哥湾沿岸和尤卡坦半岛㊁的玛雅灌溉文明要比旧大陆㊂迟千余年，且在地理和文化上完全独立，其制度在基本层面上与旧大陆的制度仍然非常接近（例如，划分社会阶级、设立常备军并训练书写技能的组织化政府），这一事实充分证明，新技术导致的问题的解决方案必须是非常具体的，即备选方案的数量和范围都是有限的。

换言之，我们从第一次技术革命学到的一条经验是，新技术创造了

㊀ 新大陆，是指美洲。——译者注
㊁ 尤卡坦半岛（Yucatan），墨西哥东南部的半岛，是玛雅文化的摇篮之一。——译者注
㊂ 旧大陆，泛指亚、欧、非三大洲。——译者注

历史哲学家所谓的"客观现实",并且客观现实不得不在新技术的环境中被处理。例如,其中一种"客观现实"就是在第一次技术革命期间,人类空间从"栖息地"转换成"定居点",即始终能在相同地点找到的永久领土单位——不像牧民不断迁移畜群或原始部落的狩猎场那样。仅这一点就使得部落显得落伍,进而要求有一个永久的、非人格化的、非常强大的政府。

(3)但灌溉文明也教导我们,新客观现实只能决定解决方案的总体特征,决定了何地何领域需要新制度,但不能使任何事情都"确定无疑"。对于新问题可能**如何**解决,新制度的目标和价值观可能是什么,新技术为人们留下了非常广阔的选择空间。

例如,据我所知,在新大陆的灌溉文明中没有出现个人观念,从未将法律与风俗分离,拥有高度发达的贸易体系却从未发明货币。

甚至在灌溉文明可以彼此学习的旧大陆,不同文明之间仍然存在许多非常重大的不同。即使所有文明都有相似的任务要完成,并为此发展出了相似的制度体系,但它们彼此之间仍然存在很大差异。不同的具体答案首先表达了关于人及其在宇宙、社会中的地位的不同观念——不同的目标和截然不同的价值观。

在所有这些文明中,都不得不建立起非人格化的官僚政府;缺少政府,文明就无法延续。但在近东地区[一],这类政府出现得非常早,清一色为剥削阶级服务,控制普通大众,为所有人建立司法秩序并保护弱势群体。从一开始,近东灌溉文明就将伦理道德视作政府的关键职能。然而,古埃及政府却没有该类职能,也未反思政府的目的问题。华夏历代政府

[一] 近东,包括非洲东北部和亚洲西南部,有时还包括巴尔干半岛,第二次世界大战后该称呼逐渐被"中东"取代。——译者注

的核心追求，不在正义而在和谐。

大量证据表明，个人观念首次出现于古埃及，许多保存完好并流传至今的雕像、绘画、专业人员（如抄写员和管理人员）的作品表明，多数作者都充分意识到了自我的独特性，并明确表示个人处于优先地位。例如，正是在早期埃及，建造大金字塔的建筑师的名字被记录下来。在古亚述帝国⊖和古巴比伦帝国⊜，那些建设城堡和宫殿的伟大建筑师一向不为人知，华夏早期王朝的建筑师同样如此。但在比较短暂的繁荣期过后，古埃及开始抑制个人观念（或许为反对危险的阿肯那顿⊜宗教异端邪说而采取的行动），在中王国㉔和新王国时期㉕，涉及个人的记录逐渐消失，或许表明这两个时期个人观念的相对衰落。

在其他地区，出现了两种完全不同的基本观念。一种是美索不达米亚和道家路径，我们可以称之为"人格主义"㉖，后世的希伯来先知和古希腊戏剧作家最确切地表达了这种基本观念，强调充分发挥人的能力。另一种基本观念可被称为"理性主义"，最著名的代表人物是孔子，试图根

⊖ 古亚述帝国（Assur，公元前 3000 年～公元前 2000 年），兴起于美索不达米亚，位于当今伊拉克境内底格里斯河西岸。——译者注

⊜ 古巴比伦帝国（Babylon，公元前 1894 年～1595 年），首都巴比伦城位于伊拉克幼发拉底河畔，第六代国王汉莫拉比颁布《汉谟拉比法典》。——译者注

⊜ 阿肯那顿（Ikhnaton），古埃及第十八王朝阿蒙霍特普四世（Amenhotep IV）法老，即位后禁止崇拜传统的阿蒙神和其他地方神，树立阿顿神为全国崇拜的唯一太阳神。——译者注

㉔ 中王国，古埃及第十一、十二、十三、十四王朝，大致在公元前 2133 年至公元前 1786 年。——译者注

㉕ 新王国，古埃及第十八、十九、二十王朝，大致在公元前 1553 年至公元前 1085 年。——译者注

㉖ 人格主义（personalism），哲学流派，往往持唯心主义立场，强调人的重要性，理论观点复杂多样，主要流行于美国和法国，代表人物是鲍恩（Borden P. Bowne，1847—1910）。——译者注

据绝对正确和完美的理想来规范并塑造个人。无疑这两种基本观念仍旧贯穿于我们的教育观念中。

以军事为例。灌溉文明需要组织有序的防御，具体有三种不同的选择：由从事生产的农民阶级供养独立的军事阶层；农民自己组建公民军队；雇佣军。毫无疑问，古人从一开始就认识到了，每种方法都会带来特定的现实政治后果。通过打败大大小小的地方领袖实现统一的古埃及，从未发展出一种专业的永久性军事阶层，我相信这绝非巧合。

虽然所有灌溉文明都具有特定的阶级结构，但不同文明或同一文明的不同时期，阶级结构也呈现出不同特点。阶级结构往往导致永久的种姓，社会等级完全固化，但也可以用来巧妙地创造一个高流动性社会，为有能力、有抱负之人提供大量机会。

再以科学为例。我们现在知道在科学观测的数量和质量方面，任何其他早期文明都不如华夏。然而，我们也知道，华夏早期文化并没有孕育出任何我们所谓的科学，原因或许是华夏先民信奉的理性主义限制了他们将特殊事物一般化为普遍规律的能力。虽然只是想象和猜测，但正是古代近东人的一般化能力和古埃及人的数学能力指明了通往系统化科学的道路。华夏先民拥有精密观察的绝佳天赋，能够收集自然界的大量信息，但他们的宇宙观完全没有受此影响，与我们熟知的古代中东文明的发展形成鲜明对比，而正是后者孕育了欧洲文明。

简言之，人类历史上的第一次技术革命表明：

（1）技术革命创造了对社会创新和政治创新的客观需求，要求人们对相关领域进行仔细考察，用以确定哪些领域需要新制度，淘汰旧制度。

（2）新制度不得不满足特定的新需求。社会和政治领域对新技术的回应，有正确的和错误的之分。一定程度上只有正确的制度回应才能满足需求，社会创新和政治创新受到新技术的制约。

（3）很大程度上，人类能够决定新制度试图实现的价值观及其追求的人类和社会目标，最重要的是，人类能够决定新制度支持一种目标的同时反对另一种目标。一个社会最难以妥善安排的整体结构是由其任务决定的。至于社会伦理道德，则被掌握在人类自己的手中，并且很大程度上涉及"怎么做"而非"做什么"的问题。

几千年来第一次，人类再次面临着灌溉文明时期的古人曾经面临的形势，不止包括革命性技术变革的速度，还有变革的规模和范围。最重要的是，就像7000年前一样，今天各个领域的技术发展正在彼此融合，共同创造出了一种新的人类环境。自从第一次技术革命，到200年前发端且至今仍方兴未艾的技术革命，在间隔的数千年中，任何时代都没有出现过这种情况。

因此，我们面临着一项艰巨的任务，那就是确定需要社会创新和政治创新的领域，创建适合新任务、满足新需求、与技术变革带来的新能力相匹配的制度体系。而且，其中最艰巨的任务是，确保新制度体系体现我们信奉的价值观，追求我们认为正确的目标，服务于人类的自由、尊严和使命。

假设一个第一次技术革命时期有教养的人（一位受过教育的苏美尔人或华夏君子）看到如今的形势，无疑他会对现代人使用的技术感到震惊。但我确信，他一定对当今的社会和政治制度感到似曾相识，从本质上看，当今的制度体系与第一次技术革命时期相比并没有根本性的差异。并且，我非常确信，对于那些预言技术天堂之人，以及预测"异化"㊀"技术性失业"㊁等技术地狱之人，他只能摇头苦笑，也许会喃喃自语："这和我老家的情况差不多。"但他很可能会告诫我们："我和你们都处在真正的技术革命时代，这并不是一个绝望的时代，也不是一个狂欢的时代，而是一个努力工作并勇于承担责任的时代。"

注　释

1. Karl A. Wittvogel, *Oriental Despotism: A Comparative Study of Total Power* (New Haven, Conn., 1957).

㊀ 异化，原本和谐的两物彼此分离甚至互相对立，自黑格尔以来，形成了各种异化理论，德鲁克此处可能是指当时在欧美发达国家中流行的法兰克福学派异化理论。——译者注

㊁ 技术性失业，技术变革引起的工作岗位流失，如超市采用自动付款机就会导致收银员失业。——译者注

第 8 章 | CHAPTER 8

长期计划㊀

如果要界定长期计划，较容易的方式是说明长期计划不是什么，而不是长期计划是什么。人们普遍认为有三点特别重要，但实际上绝非仅限于此。

（1）长期计划不是"预测"。换句话说，长期计划不能策划未来。任何这类企图都愚不可及。人类既不能预测，又不能掌控未来。

如果有人产生错觉，认为能够预测较长时间的未来，那么就给他看一下昨天报纸的头条，问他大约 10 年前是否能预测到。

㊀ 本文转载自《管理科学》（*Management Science*）第五卷第 3 期（1959 年 4 月），根据向管理科学研究所（Institute of Management Sciences）1957 年 10 月 17～18 日在底特律举行的第 4 次国际会议提交的论文改成。

他能预测到如今在物理学和工程学最前沿的领域苏联与美国并驾齐驱吗？他能预测到，第二次世界大战后成为一片焦土且混乱不堪的联邦德国成为当今世界上最保守、最富有成效的国家之一吗？更遑论联邦德国高度稳定的政局了。他能预测到近东地区会成为一个主要的冲突地区吗？或者预测该地区丰富的石油储量是否会让所有难题迎刃而解？

未来永远无法被准确预测，试图策划未来是愚蠢的。我们唯一能做的，就是以审视的眼光看待自己正在尝试之事。我们必须树立一种观念：哪怕只是预测最短时期内之事，都是不值得尊敬的。**正因为我们无法预测，才有必要制订长期计划。**

之所以说长期计划不是"预测"，更有说服力的原因是预测试图找到事件最可能的发展过程，或最好能够确定事件的概率范围。但企业家创新是独特事件，不能以概率的眼光看待。换言之，创新不属于物理领域，而属于价值领域。实际上，企业家本身就能够带来经济回报，但其核心贡献在于引发能够改变概率的独特事件或**创新**。

举一个简单案例。该案例与创新无关，但表明了所谓"不可能之事"的重要性，甚至对于纯粹适应性的商业行为也是如此。

多年来，一家大型咖啡分销商一直致力于解决全国各地工厂的选址和产能问题。人们早就知道，与市场区位、销量、运输、配送策略等因素相比，咖啡价格同等重要。现在若说我们能预测什么的话，那就是某种商品的价格走向，并且该公司经济学家的价格预测相当准确。然而，基于这些预测做出的厂址和产能决策，一再被证明是代价沉重的错误。任何时候，出现极端定价事件的概率都非常低，即使这类事件一次仅仅持续一周，对经济体系的影响也远远大于准确预测的"平均值"。换言之，预测掩盖了经济现实。所以正如博弈论所证明的，我们需要的是观察极端的可能性，并且思考"其中哪种可能性是我们绝不能忽视的？"

这个案例唯一不典型之处就是过于简单化。通常情况下，事情要复杂得多。虽然该案例非常简单，但是表明了即使对于完全适应性的行为，预测也不是一个充分的基础，遑论企业家的长期计划决策。

（2）长期计划处理的不是未来的决策，而是**当前决策的前瞻性**。

决策只存在于当前。长期计划人员面临的问题不是我们在未来应该做什么，而是"当前必须做什么才能准备好迎接不确定的未来？"问题不是未来会发生什么，而是"当前的思考和行动必须具有什么样的前瞻性？必须考虑的时间跨度是多长？我们如何把这些信息整合起来以帮助做出当前的决策？"

决策在本质上是一台时间机器，使大量不同的时间跨度变得同步。我认为，这是我们刚刚明白的一点。我们仍旧倾向于为将来决定要做的事情制订计划，虽然这可能会很有趣，但必然是徒劳。

再强调一遍，正因为我们只能**在当前**制定决策，所以长期计划是必要的，其余的都是美好的愿望。然而，我们做决策不能**只为了**当前。只为了当前的决策是最权宜之计、最机会主义的决策（更不用说不做决策的决定了），即使不会造成永久性的和不可挽回的伤害，也可能使我们陷入长期困境。

（3）**长期计划不试图规避风险**。长期计划甚至不力争使风险最小化。实际上，规避风险的企图反而会造成非理性和无限的风险，带来某种灾难。

根据定义，经济活动就是把现有资源用于未来，也就是用于高度不确定的预期。因此，风险是经济活动的本质。实际上，一条重要的经济学原理（庞巴维克○定律）证明，只有冒更大的风险（也就是更大的不确定性），现有生产要素才能带来更大的经济效益。

尽管试图消除风险必然徒劳无功，试图最小化风险的效果也往往值得怀疑，但关键在于承担的风险必须是**正确的风险**。成功的长期计划的最终成果一定是增强承受风险的能力，这也是提高**企业家**绩效的唯一方式。为了提高风险承受能力，管理者必须要了解承担的风险，必须能够在风险重重的行动过程中做出理性选择，而不是全凭直觉、道听途说或经验（无论经过多么精确的量化核算）陷自己于不确定的境况中。

我认为，现在可以试着给长期计划下定义了：长期计划是系统地制定**当前的风险型企业家决策**，并充分了解这些决策之前瞻性的持续过程；长期计划把需要付出的**努力**系统地组织起来以贯彻落实企业家决策；长期计划**有组织地、系统地收集反馈信息**，把决策的实际成果和预期成果进行比较。

许多经验丰富的商人可能会说（确实会说）："这些都很正确，但为什么非要说出来呢？这不是那些企业家一直在做，并且做得非常成功之事吗？那么，为什么需要这些精致的大实话呢？为什么长期计划应该是一项组织有序的，甚至或许是一项单独的业务呢？换言之，我们为什么要谈论并制订'长期计划'？"

毫无疑问，企业家决策绝不是什么新鲜事。自从出现企业家，他们就一直在做出企业家决策。关于经济活动的本质，同样没什么新观点，

○ 庞巴维克（Eugen von Böhm-Bawerk，1851—1914），奥地利学派经济学家，发展了利率理论和资本周转期理论，代表作《资本与利息》。——译者注

从来都是承诺把当前资源用于实现未来预期。300年来，人们对于变革的观点始终如此。（在这之前并非如此。早期经济活动的前提假设是不会发生变革，该假设受到相关制度的捍卫和支持。直到17世纪，人类所有的制度机构都旨在防止变革。工商企业是一种令人惊奇的重要新机构，是第一种旨在创造变革的人群组织。）

但也有若干新现象，它们创造了对组织化、系统化具体过程（尤其是所谓的"长期计划"[1]）的需要。

（1）企业家决策和管理决策的时间跨度急剧延长，且延长的幅度非常大，以至于有必要系统地探索决策的不确定性和风险性。

有一个或许是杜撰的故事。1888年前后，世界闻名的发明家爱迪生去纽约一家大型银行为自己正在开展的业务申请贷款。爱迪生是一位名人，拥有大量抵押品，所以银行的副总们不假思索恭敬地说道："没问题，爱迪生先生，请问您需要多少贷款？"其中一位副总或许单纯出于好奇，随口问道："爱迪生先生，可否告诉我这种新产品还需要多长时间才能上市呢？"爱迪生看着他的眼睛坦率地说："年轻人，根据以往的经验，大概需要再过18个月我才能知道是否会有新产品问世。"一听这话，副总们瞬间傻眼了，尽管爱迪生有大量抵押品，但仍然拒绝批准贷款。在他们眼里爱迪生简直疯了，当时任何一名理智的商人都不会甘愿冒18个月不确定的风险。

如今，几乎每位管理者都会毫不犹豫地接受10年或20年的风险，涉及产品开发、研究、市场开发、销售体系的构建以及任何其他领域。这种决策时间跨度的延长是当代最显著的特征之一，也是经济发展的基础。但是，量化从根本上已经改变了企业家决策的定性特征，可以说，它已经把时间从企业决策制定时的外部维度转变为了决策自身的基本要素。

（2）创新的速度急剧加快，风险迅速提高。详细界定我们所谓"创新"的内涵远远超出了本文的范围，此处不赘。[2]

工业研究支出（主要用于改进民用产品和工艺的支出）已经从1928年的不足1亿美元增加到1958年的70亿～80亿美元，除此之外我们无须知道更多。显然，技术缓慢发展（如果说不是本质上稳定的话）的经济已经转变为技术急剧变化、迅速过时、具有很高不确定性的经济。

（3）企业内部及其所处的经济社会环境的复杂性日益提高。伴随工作专业化程度的提高，对共同愿景、共同理解、共同语言的需求越来越多，如果缺少了这些，无论最高管理层的决策多么英明，都永远不会转变为有效的行动。

（4）微妙的（或许也是最重要的）一点是，典型商人对企业家决策的基本认识经常存在误解。

多数商人依旧相信，企业家决策由"最高管理层"做出。实际上，几乎所有管理教科书都主张"基本政策性决策"是"最高管理层的特权"。最高管理层最多会把某些决策"授权"给下级。

但这反映的是以往的情形，而不是如今的现实，更不是未来的趋势。毫无疑问，最高管理层必须掌握最终决定权，同时承担最后的责任。但是，如今的工商企业已不再是少数几位身居顶层的"老板"制定所有决策，其他"员工"埋头执行命令的组织，而成为主要由掌握高深专业知识的人员构成的组织，³这些专业人员享有自治权，做出负责任的判断。这些人中的每一位（无论是管理者还是专业贡献者），都在不断制定不折不扣的企业家决策，也就是会影响整个企业的经济效益和风险的决策。他们制定企业家决策不是基于"上级授权"，而是出于自己的工作和岗位绩效的必然要求。

对现如今的企业而言，要发挥功能需要满足下列两个条件：具备关于整个组织的方向、目标和预期的知识；最高管理层关于组织内人员的决策、承诺和努力的知识。这两个条件所需的焦点（或许可称之为**内外部环境的相关模型**）只有"长期计划"才能提供。

概括而言，制定企业家决策的过程不同以往的新特点主要表现在信息方面。所得信息的数量、多样性、模糊性都在急剧增加，以至于一名优秀管理者仅凭自身的经验无法有效利用。他可能会崩溃，并且表现出实验心理学已知的下列两种症状。一种是脱离现实，例如："我清楚自己知道什么，我只需要照着做即可；其余的事情都无关紧要，我没必要关注。"另一种是感到世界已经完全失去理性，所以不同的决策没什么区别，最终的结局都是瘫痪。现如今制定决策的管理者有可能表现出上述任何一种症状，且患有两种症状的管理者都不可能做出理性或成功的决策。

管理者和管理科学家还可能会从心理学家那里学到其他知识。相比于对信息的理解和分析，分类整理信息可能会更加有助于提升感知和行动能力。有一次，我在一家制药公司参与研究计划的组织工作，分析该研究决策的尝试（甚至界定决策的替代方案）都令人沮丧地遭遇失败。

然而，在尝试过程中，这些决策被分类整理，达到研究人员能够知道什么阶段可能做出什么决策的程度。他们仍然不知道在一个特定的决策中应该或不应该考虑哪些因素，也不知道存在什么风险。他们无法解释为什么做出这个而不是那个决策，也无法说明自己的预期。但仅仅是对这些信息的分类整理工作就能够让他们再次运用自己的经验和"游戏直觉"——整个研究小组的绩效都有了可衡量的重大改善。

"长期计划"不仅是对信息的分类整理和分析，更是一个决策过程。但即使是信息工作也只能作为有组织的计划工作的一部分来开展，否则就无法确定哪些信息是紧要的。

那么，长期计划有什么要求呢？虽然我们尚不能满足长期计划任何程度的全部能力要求，但我们能够对其进行详细说明。

事实上，我们能够（且应该）给出两套相关要求：一套关于长期计划过程自身的要素；另一套关于主要的、具体的新知识内容。

（1）无论是理性制定的还是运用读茶术⊖制定的风险型企业家决策都包含下述 8 个要素。

a. **目标**。不可否认，这是一个难以琢磨的词汇，甚至可能是一个形而上学式的术语。要让管理科学定义"目标"，如同让生物学定义"生命"一样困难。然而，没有目标我们什么都做不成，如同没有生命生物学家

⊖ 读茶术（tea-leaf reading），西方的一种占卜或算命方法，占卜者首先把茶汤倒掉或喝掉，然后把剩余的茶汤和茶叶一起倒入碟子里，通过观察茶叶的形状进行占卜。——译者注

什么都做不成。无论有意与否，任何企业家决策（更不用说我们称之为"长期计划"的综合性决策体系了）都有目标。

b. **假设**。假设是企业内外部制定和贯彻落实决策之人坚信不疑的观点。

c. **预期**。预期是人们认为未来可能或可达到的状态或成果。

上述 3 个要素可以用来**定义决策**。

d. **替代的行动方针**。实际上，在真正的不确定形势下，永远不可能有"一个正确的决策"。甚至也不可能有"一个最佳决策"。管理者常常会做出"错误决策"，也就是与目标不匹配、与假设不相容或与预期不相符的决策。但即使所有错误决策都被杜绝，也仍旧需要有替代选择——每个都是目标、假设、预期等方面的不同组合；每个都面临特定风险，具有不同的风险回报比例；每个都会产生独特影响，需要付出特殊努力，产生某些成果。因此，每个决策都是一种价值判断，而不是"根据事实的决定"；管理者不得不立足于不确定的知识和零碎的理解，在不完美的方案中做出抉择。

值得一提的是，在任何情况下管理者都必须考虑两种可供选择的行动方针：一种是不采取任何行动，当然，推迟决策也往往意味着不采取行动；另一种是在适应性行动和创新性行动之间做出重要抉择，这两种行动面临的风险，在性质上差异非常大，在程度上的差异不一定非常大。

e. **决策本身**。

f. 决策从来都不是孤立的，每个决策都必然是**决策体系**的一部分。

例如，每个财务人员都知道，一项新投资的原始资本拨款往往是对未来更大规模资本拨款的承诺，然而，这些拨款几乎从未与最初提案中的数额一致。但他们中似乎很少有人认识到，这不仅意味着一种积极的承诺，而且由于抵押了更多的资本资源，会限制未来的行动自由。在配置研究人员等宝贵的人力资源方面，决策产生的结构性影响要更大。

g. 除非付诸行动，否则决策仅仅是美好的愿望。因此，每个决策都有一个**造成影响的阶段**。

可以说，这种影响始终遵循牛顿第二定律[⊖]，由作用力和反作用力构成，需要付出努力，但也会带来混乱。因此，始终需要思考下列问题：需要付出什么努力？谁来付出？在哪里付出？人们必须知道什么？必须做什么？必须实现什么？但也存在下列问题（往往被忽视）：决策对其他领域有什么影响？如何转移负担？弱点在哪里？压力点位于何处？对外界（销售市场、供给渠道、社区等）有什么影响？

h. 成果。

上述每一个要素都值得单独撰写一部专著，但我认为简单阐述已满足此处所需，足以表明长期计划过程本身及其内部每个要素不论貌似多么不理性和武断，实际上都是**理性的**。因此，该过程及其所有要素都能够被定义、研究和分析，都能够通过系统性的、组织有序的工作加以改进。需要强调的是，正如所有理性过程一样，当我们定义、阐明、分析每个构成要素时，整个过程也会得到改进和加强。

（2）如上所述，我们也可以根据具体的新知识内容来描述长期计划。

⊖ 牛顿第二定律（Newton's Second Law），物体受到的外力等于质量与加速度的乘积，而加速度与外力同方向。根据上下文，此处疑为牛顿第三定律：当两个物体相互作用时，彼此施加于对方的力大小相等、方向相反。——译者注

在这些新知识内容中，尤其令人信服的领域可能包括以下几个。

a. 计划的时间维度。

"长期"或"短期"计划的术语，意味着特定的时间跨度界定了计划，这也是企业在谈到"五年计划"或"十年计划"时的实际用法。计划的本质是运用具有前瞻性的知识制定当前的决策。正是前瞻性决定了长期计划的时间跨度，而不是相反。

严格地讲，"短期"和"长期"并非描述时间跨度，而是描述每个决策的阶段。所谓"短期"，是指决策完全生效之前的阶段，在这个阶段决策只有"成本"，没有"成果"。例如，兴建一座钢铁厂的决策，"短期"是投产前的5年左右。任何决策的"长期"都是取得预期绩效所需的时间。仍以钢铁厂为例，可能需要20年（甚至更久）才能高出盈亏平衡点。

前瞻性是有限度的。在企业决策中，最准确的数学陈述往往可以借用我八年级老师的那句话：平行线是与校园的一侧不相交的两条线。当然，企业的多数预期和期望非常适用一条古老的统计规则：任何超过20年的事件都等于无穷；由于20年后的预期通常为0，因此当前通常只能分配到最低限度的资源和努力。

然而，同样真实的是，唯有尽早着手才能及时获得需要长时间酝酿才能产生的成果。因此，长期计划需要具有前瞻性的知识："如果想要在未来占有一席之地，现在必须要做什么？如果我们当前不投入资源，什么事情将根本无法完成？"

如果我们知道，在美国西北地区种植的花旗松需要99年才能用来制浆，那么现在种树就是99年后能够供应纸浆的唯一方式。尽管有人可能会开发提高生长速度的激素，但如果我们从事造纸业，就明白不能对此抱太大希望。在这些树木长成之前的很长时期，我们仍将主要使用木材作为化学物质的来源，这是可以想象的，也是非常有可能的。30年后，纸张供给可能会依赖比树木更便宜且结构更简单的纤维素来源。但树木是植物界最高级的化学工厂，这意味着未来30年中的某个时候，森林可能会把小企业主推入化学产业，所以相关人士现在最好学习一些化学知识。总之，如果造纸厂仍旧依赖花旗松，那么长期计划就不能局限于20年，而必须放眼未来的99年。所以我们必须能够确切地讲，我们当前是否必须种树，或者我们能否推迟这项费用高昂的工作。

对于有些决策而言，甚至5年时间也显得太久。如果我们的业务是尽量收购降价商品并在拍卖会上出售，那么下周的清仓大甩卖就是"长期未来"，超出该时限的任何事务基本都与我们无关。

业务性质和决策性质也决定了计划的时间跨度。

时间跨度既不是固定不变的，也不是"给定的"。在计划的过程中，时间决策本身就是第一个也是最重要的风险型决策，很大程度上决定了资源和精力的分配，也决定了面临的风险。（需要不厌其烦地强调的是，推迟决策本身就是冒险，而且往往无可挽回。）实际上，时间决策很大程度上决定了企业的特征和性质。

b. 决策**体系与结构**。

时间维度的问题与决策结构密切相关。长期计划的全部思想立足于两个简单观念。

我们需要为整个企业缔造一个综合性决策体系。任何决策都不可能孤立于产品、市场和人员等因素。每一项重大的风险型决策，都会对企业的方方面面造成影响，并且任何决策都不会摆脱时间的影响。每项决策都是棋局中的一步棋，只不过企业的决策规则并没有得到明确界定。没有一个有限的"棋盘"，"棋子"既没有被整齐划一地加以区分，也没有那么少的数量。每一步行动都为未来的决策创造了若干机会，同时也放弃了其他机会。因此，每一步行动都既有积极面又有消极面。

让我用一个简单案例来说明上述观念，即当今一家主要的钢铁企业。

我认为任何学习技术（不单单是炼钢技术，而是一般意义上的技术）的学生都非常清楚，炼钢正处于重大技术变革的起点。不仅钢铁业者或许知道这些，我认为任何对技术发展的模式、节奏和形态的研究都可能表明这一点。对该过程进行逻辑分析（而非冶金分析），甚至可能会指出具体发生变革之处。同时，假定对钢铁的需求将持续增长，如果钢铁企业想要保住自己的市场份额，就需要扩大产能。当今某企业在仅掌握老旧技术的条件下，做出新建一座钢铁厂的决策，实际上意味着在15～20年内除非付出沉重代价，否则将不能采用新技术。从技术体系的角度看，这些变革不可能通过小修小补现有设备实现，在很大程度上可能需要全套新设施。当前建设采用老旧技术的工厂，该企业实际上丧失了某些机会，或者至少大大提高了未来的进入门槛。与此同时，如果推迟建设工厂，那么钢铁企业可能会丧失市场地位等其他机会，或许这些机会也是无法挽回的。因此，管理层必须清楚（或许没有太详细的细节）该决策在企业家决策体系中的位置。

与此同时，企业家决策必须从根本上是一种权宜决策。即使在很短的时间内，我们也无法预知某项决策的所有随机影响，如果试图确定全部影响后再制定决策，那么会导致决策过程无法推进。

但决定什么因素应该被考虑，什么因素应该被忽略，本身就是一个困难重重，且会带来重要后果的决策。我们需要掌握相关知识才能做出这类决定，换言之，我们可能需要一种企业家式推理理论。

c. 风险的性质。

我们不仅需要评估企业家决策可能面临的风险之大小，更重要的是评估风险的性质。例如，此类风险是我们能够承受的还是无法承受的？这是一种罕见却极其重要的风险吗？如果我们承担不起不冒风险导致的后果，那么应该破釜沉舟吗？

据说，通用电气公司最优秀的科学家曾经在1945年向管理层提议，认为至少再过40年核能才可以用于商业发电。然而，当时通用电气公司的管理层（正确地）决定立刻进入核电行业。毕竟，万一核能转化为可行的发电方式，通用电气公司承担不起无所作为导致的后果。

经验告诉我们，无所作为导致的后果就像一场"高−低"扑克游戏（high-low poker game）。中庸措施不可避免地会失败，但我们尚不知失败的原因。另一种更常见的情况是，我们根本不理解某种风险。

d. 测量的领域。

我没必要向《管理科学》的读者解释管理（尤其是我们称之为"长期计划"的组织化企业家决策）过程中需要测量的原因。

但是严格来讲，在人们构建的各种组织机构中（例如工商企业），应该说测量并不存在，也不能存在。从定义来看，测量是非人格化的、客观的，也就是与被测事件无关。例如，小孩的成长不依赖测量，也不受相关记录的影响。但工商企业中的任何"测量"都会影响人们的行动（既对测量者又对被测者），因此会指导、限制并引发企业的行为或绩效。企业内部的测量往往是激励力量（即道德力量），就像它是某种**认识的基础**（ratio cognoscendi）一样。

此外，在长期计划中，我们不处理可观察的事件，而是处理未来事件，也就是预期。由于预期不能被观察到，所以永远都不是"既成事实"，也不能被测量。

因此，长期计划中的测量面临许多非常现实的难题，尤其是若干概念上的问题。然而，恰恰因为我们的测量对象和测量方式决定了什么因素被认为是重要的，进而不仅决定了我们的理解，而且决定了我们（以及其他人）的所作所为，所以测量在计划的过程中至关重要。最重要的是，我们需要提前认识到预期能否被真正实现（包括透彻理解时间和规模上的重大偏差），除非以这种方式把预期纳入制订计划的过程，否则就无法制订计划，并且我们也无法获得反馈信息，不能实现管理层的自我控制。

显而易见，我们还需要关于长期计划的**管理**知识，即关于企业运营的知识。我们需要诸如现有资源的知识，尤其是关于人力资源及其能力、局限性的知识。我们需要知道，如何把企业的需求、成果和决策"转化"为职能能力和专业工作。毕竟，没有单独的职能决策，甚至没有职能数据，如同没有职能利润、职能损失、职能投资、职能风险、职能客户、职能产品以及企业的职能形象。有的只是统一的企业产品、风险、投资等，进而是企业绩效和企业成果。然而与此同时，工作显然必须由人来做，每个人都必须从事专业工作。因此，要使决策成为可能，我们必须能够把各不相同的个人知识和能力整合为统一的组织潜力；要使决策卓有成效，我们必须能够把决策转化为各不相同的个人和专家（然而是目标明确的）的努力。

还有企业家任务中的若干重大知识难题，我尚未提及，例如成长和变革、社会的道德价值观及其对企业的意义等难题。但这些难题存在于多个领域和学科中，而不限于管理。

在本文中，我有意局限于阐述长期计划过程中所需的特定知识。即便我几乎没有提到许多主要领域，但我认为上述论述足以证明下面三个结论。

a. 这是真正的知识领域，而不仅仅是我们需要其数据的领域。我们需要的最重要的是基本理论和概念性思考。

b. 我们需要的是新知识。这在传统的会计或经济学等商业学科中是找不到的。总体来看，在物理学或生命科学中也没有这类知识。当然，我们能够从现有学科得到大量帮助，尤其是在工具和技术方面。并且我们需要所有能够获得的知识。但我们需要的知识既明确又具体，虽不属于物理、生物、心理范畴，但具有这三个范畴的若干特征。并且这些知识从属于体现了人类价值观念的特定社会机构（也就是企业）。因此，关于该机构的"知识"是什么（当然包括什么是"科学的"），必须始终根据这种特定（并且是非常特殊的）机构的性质、职能和宗旨来确定。

c. 企业家能够决定的，不是能否做出涉及未来很长时期的风险型决策，而是能否负责任地做出风险型决策，换言之，企业家是根据效果明显且可能成功的合理机会制定决策，还是盲目地孤注一掷制定决策。决策过程本质上是一个理性过程，同时企业家决策的效果取决于他人的认可和自愿努力，所以该过程越成为一个立足于知识的理性、组织化过程，就将越负责任，且越可能卓有成效。

从某种意义上来讲，长期计划就是一种风险型决策。因此，制订长期计划是政策制定者（无论我们称其为企业家还是管理者）的责任。合理且系统地从事这项工作并不会改变这一点。长期计划不会"用事实取代判断"，也不"用科学取代管理者"，甚至不会减弱管理能力、勇气、经验、直觉、预感的重要性和作用，如同科学的生物学和系统的医学并不会削弱医生个人具备这些品质的重要性。恰恰相反，计划工作的系统化组织以及从事该工作所需具备的知识，应该着重在个性和愿景方面培养个人，使其具有卓有成效的管理素质。

但与此同时，长期计划为管理科学和管理科学家提供了重大机遇与挑战。[4] 我们需要系统研究长期计划过程本身及其每一个要素。我们需要在新知识的许多重大领域开展系统性工作，起码需要足够的知识来梳理尚未了解的领域。

同时，长期计划是关键领域，其处理的决策最终决定了企业的性质和生存。

不得不说，迄今为止管理科学尚未对长期计划做出多大贡献。有时人们甚至会怀疑，那些自称为管理科学家之人是否意识到经济活动本身固有的风险性质，以及由此带来的关于长期计划的企业家工作。然而，提供所需的知识和思考，使长期计划成为可能，进而变得简单且卓有成效，从长远来看这种能力很可能（并且是恰当的）会成为评判管理科学和管理科学家的标准。

注　释

1. 我本人并不喜欢"长期计划"这个词，我也不会主动选用它。正如"资本主义""自动化""运筹学""工业工程""折旧"等词汇，"长期计划"也是用词不当。但现在改动这个词已经太迟，因为它已经成为约定俗成的用法。
2. 参见德鲁克：《已经发生的未来》(*The Landmarks of Tomorrow*)，伦敦：Heinemann 公司，1959 年。
3. 关于这类"新型组织"的进一步讨论，参见德鲁克：《已经发生的未来》。
4. 此处需要说明的是，我并不认为该领域应被划分为截然不同的"管理者"和"管理科学家"，某人很可能同时具备这两种身份。当然，管理科学家必须理解管理者的岗位和工作，反之亦然。但从概念和工作类型来看，两者是不同的。

第9章 | CHAPTER 9

企业目标与生存需求[⊖]

仅仅在50年前，工商管理著作还局限于少数几本"操作性"书籍。如今这类著作的数量已经超出了任何个人的阅读能力范围，甚至对其进行整理编目也难以厘清。工商管理已经成为美国规模最大、发展最迅速的专业教育领域，并且在自由世界的其他国家也迅速发展。在面向有经验、理智、成功高管人员的高级继续教育领域，工商管理专业教育创造了150年来唯一货真价实的新教育理念（或许正是芝加哥大学系统性地开风气之先）。

然而迄今为止，我们对于工商企业"学科"所知甚少。作为一套组

⊖ 首次发表于1958年4月《芝加哥大学商业杂志》（*The Journal of Business of the University of Chicago*）。

织有序的、系统性的知识体系，该学科具备特殊的理论、概念和方法论（包括假设、分析、验证等），我们对此都一知半解。

企业行为理论的必要性

缺乏合适的企业行为理论不仅是一个学术难题，相反，也是企业以至自由社会四个主要核心难题的基础。

（1）第一个核心难题是，外人显然不能理解现代工商企业及其行为。在现代工业社会中，大型企业是核心经济机构，也是核心社会机构之一。在外人眼中，大型企业的"最高层"或"14楼"发生了什么以及原因是什么，往往充满神秘色彩，如同观众席中的小男孩看待魔术戏法。此处的外人不仅包括确实位于工商企业外部之人，也包括普通员工、一般股东、工程师和化学家等专业人员，实际上还包括监工、基层管理者、职能经理等大量管理人员。这些人可能会服从最高管理层的指示，但他们的服从基于信念，而非知识和理解。然而，不论个别企业的成功，还是整个工业社会以及自由企业制度⊖的存续，都需要人们理解企业及其行为。

人们对利润的普遍抵制，是对自由企业制度的切实威胁。当前存在一种几乎普遍（是彻底错误的）的观念，认为能够在没有利润的情况下运行工业经济，并且人们普遍担忧企业的利润过高。然而很少有人明白，对一个充满活力的工业经济体系而言，真正的威胁在于利润可能太低，

⊖ 自由企业制度（free enterprise system），企业的所有权归私有，且运营仅受最低限度政府干预的经济体系。——译者注

以致无法抵御创新、成长、扩张过程中面临的风险，实际上，企业可能压根儿就没有所谓利润，有的只是为将来的花费做准备。

持有上述愚蠢观念之人抵制一切教育方面的尝试。事实证明，愚人抵制利润的观念不受任何宣传或呼吁的影响，甚至也不因企业尝试采取利润分享措施而改变。

在一个日益成长且风险重重的工业经济体系中，唯有对工商企业的认可能够创造对利润的本质及其必要功能的理解。对于缺少从事企业管理的直接经验之人来说，唯有通过学习关于工商企业的一般"模型"（即系统化学科的普遍理论）才能获得这种理解。

（2）第二个核心难题是，在研究经济体系的宏观经济学和研究该体系中最重要参与者（即工商企业）的微观经济学之间缺乏相互理解的桥梁。当今经济学理论中唯一的微观经济学概念是"利润最大化"。然而，为了使其符合工商企业可观察的实际行为，经济学家不得不引申和歪曲"利润最大化"概念，直到它丧失了全部意义和用途。"利润最大化"概念已经变得如同前哥白尼时代天文学家试图用来拯救地心说的"本轮"⊖一样复杂。利润最大化可能意味着短期的即时收入，也可能意味着创造财富的资源的长期利润率；利润最大化可能必须由一系列不可预测的因素限定，比如管理权的推动、工会压力、技术等；即便如此，利润最大化也完全无法解释经济增长过程中的企业行为。利润最大化概念不能帮助经济学家预测企业对公共政策的反应；在政府中的政策制定者看来，企业的反应大体上如同政府政策在商人眼中一样毫无理性。

⊖ 本轮（epicycles），在托勒密的天文学体系中，用来解释太阳、月球和行星在运动中的速度与方向变化的几何模型。——译者注

但在现代工业社会，我们必须做到公共政策与企业行为能够轻易地相互"转化"。政策制定者必须能够评估公共政策对企业行为的影响；商人（尤其是大型企业的负责人）必须能够评估企业行为和决策对宏观经济的影响。利润最大化概念之所以不能帮助我们实现该目标，主要因为其没有理解利润的作用和功能。

（3）第三个核心难题是组织内部的整合。管理文献中充满了关于"专业人员的难题"和"企业中科学家的难题"的论述，专业人员往往只关心自己的职能领域，科学家则讨厌使自己的知识服从企业目标。然而，我们将变得更加专业化，并且我们将雇用越来越多训练有素的专业人员。每位专业人员必须致力于自己的专业领域，然而所有专业人员必须拥有共同的愿景和目标，必须自愿参与共同的事业。这已经成为管理层最耗时耗力的工作，在当今的大型企业中当然也是如此，我认识的所有管理者中尚没人声称取得了成功。

20年前，许多人可能把企业视为各种"职能"的机械性集合。如今我们已经清楚，当我们谈论一家企业时，各个具体职能根本不存在，存在的只有企业利润、企业风险、企业产品、企业投资和企业消费者。各个具体职能与其中任何一项都不直接相关。然而同样明显的是，如果我们观察一下企业，会发现各项工作必须由专业人员完成，因为没人能够了解全部职能的知识，甚至没人能够掌握某项主要职能的全部知识——各类知识增长得太快了。以往企业对大量优秀员工的要求是成为一名卓越的职能人员，如今在许多领域，这项要求迅速变得过高而难以满足。那么，我们如何才能把职能知识和职能贡献转化为普遍成果与前进方向呢？大型企业（甚至包括许多小型企业）的生存能力取决于我们解决该难题的程度。

（4）最后一个核心难题（既是缺乏该学科又是对该学科的需求表现出的症状）当然是商人自己对理论的态度。当他说"这只是理论"时，往往是指"这无关紧要"。无论工商企业管理能否或应否成为科学（某人针对该问题的看法主要取决于如何定义"科学"），我们都需要把理论作为良好实践的基础。除非医学（本身并非严格意义上的科学）把生命科学及其理论作为良好实践的基础，否则我们就不会拥有现代医生。缺乏类似的工商企业学科作为基础，我们就不能做出有效的一般性陈述，也就不能预测行为或决策的后果，只能通过后见之明和成果加以判断——往往为时已晚。在做决策时，我们所凭借的唯有直觉、希望和意见，鉴于现代社会对工商企业的依赖以及管理决策的重大影响，显然这是远远不够的。

缺乏工商企业学科，导致我们既不能讲授也不能学习相关知识，更不能系统性增进知识并提高企业管理者的绩效。然而，无论是数量还是质量方面，企业对管理者的需求，以及对不断提高管理者的知识和绩效的需求如此巨大，以至于我们不能仅仅依靠"自然选择"的极少数天才。

尤其是正在迅速发展的欠发达国家，迫切需要一门系统性的工商企业学科。这些国家的发展潜力，将首先取决于迅速培养工商企业管理者的能力，也就是说，取决于构建一门可以讲授和学习的有效的工商企业学科。如果这些国家能够凭借的只是发展过程中的经验，那么将不可避免地会被推向某种形式的集体主义政体。原因在于，尽管集体主义政体会浪费经济资源，但是通过把企业家决策和管理决策集中到少数最高层计划人员手中，它能够有效地利用管理资源。

工商企业的生存需求

我们距离形成一门名副其实的工商企业"学科"还有很长的路要走。但是，现如今已经具备了相关知识和理解的基础。若干大型企业和大学正在整合相关知识，包括以经济学为起点的市场营销、行政过程、其他方面的新方法论（运筹学、系统研究、长期计划）等。但所有这些途径（无论是起点还是术语）的共同点是从下列问题入手：工商企业的生存需求是什么？换言之，工商企业要存续，必须成为什么，做什么，实现什么？进而对于每种需求都必须设立一个目标。

在一定程度上可以说，这种途径可以追溯至整整40年前西奥多·韦尔⊖担任总裁时，美国电话电报公司在企业目标方面从事的开创性工作。当然，这也是大型企业管理层首次拒绝接受油嘴滑舌的陈词滥调——"企业的目标是利润"，并且反问"作为一家私营企业，我们的生存依赖什么"。美国和加拿大私营电信公司的存续（在发达国家中非常少见）证明，这种貌似简单且显而易见的途径效果显著。主要原因之一当然是韦尔为美国电话电报公司设立的"生存目标"："公众对我们的服务感到满意。"然而，尽管实践证明效果显著，直到最近美国电话电报公司仍旧是仅有的案例。在过去一代人的时期内，直到生物学家通过定义"基本生存功能"开发出理解系统的途径之前，或许仍然不得不保持该状况。

"生存目标"具有普遍性，每家企业的每个目标领域必须相同；然而，生存目标也具有特殊性，每家企业的每个目标领域都需要不同的绩效和

⊖ 西奥多·韦尔（Theodore N. Vail, 1845—1920），美国电话电报公司总裁（1885~1889年、1907~1919年），任内开通第一条横贯北美大陆的电话线，实现大西洋两岸的无线通信。——译者注

成果。在任何特定时期，每家企业都需要在两者之间保持平衡。

因此，生存目标概念满足了一个真正理论的第一项要求，也就是它既具有形式性又具有实用性（即可以具体应用）。无论是生存目标的性质还是在特定情况下的具体要求，都是客观的，不依赖于人们的意见或直觉。然而至关重要的是，生存目标不会"决定"企业家决策或管理决策，并不像许多传统经济学家或当今行为科学家那样，试图用公式取代风险型决策或负责任的判断。生存目标试图奠定决策或判断的基础，使企业家和管理者的具体任务变得可能、有效、理性，并使其可理解且能被理解。

我们已经到达了解工商企业"功能"的阶段，如同生物学家对"生殖"的用法，将其作为物种延续所必需的功能。

工商企业有**五种这类生存功能**，它们都界定了相关领域，每家企业为了生存必须在这些领域达到一定的绩效标准，并产生高于最低水平的成果。它们受到企业每项决策的影响，反过来也会影响企业的每项成果。因此，生存目标的这五个领域共同描述（具有可操作性）了工商企业的性质。

（1）企业首先需要成为一种**为共同绩效而设计的**、能够自我延续的人群组织。

企业不是钢筋混凝土和砖头的集合，而是人的集合。这些人必须作为一个个的人来开展工作，除此之外别无他法。人们必须为了共同的成果而自愿工作，必须为了共同的绩效而组织起来。所以，企业首先需要成为卓有成效的人群组织。

如果我们确实是管理者（企业运营的时间超过上帝分配给个人的时间），哪怕仅仅由于我们每天决定的所有事务，企业也必须能够作为一个人群组织自我延续。我们不可能做出某个决策，然后看着它发挥作用，直到终结。在未来20年内，除非某项管理决策完全错误，否则会有多少管理决策被清算或失效呢？我们做出的多数决策，可能需要5年才会显现效果，这只是短期决策。接下来它们可能需要10~15年（最快的情况）才会被清算或失效，即决策不再合理正确。

这意味着企业作为一个人群组织必须能够自我延续，必须能够超出任何个人的寿命。

（2）第二个领域源自下列事实：企业在特定**社会和经济**体系中生存。在各商学院和企业自身的观念里，往往认为企业生存于真空中。这是立足于企业内部的观察结果，但企业是社会和经济的产物。确定无疑的是，社会和/或经济能够令任何企业一夜之间关门大吉——没什么比这更简单了。企业取得社会和/或经济的允许才能生存。只有社会和/或经济认为某企业的工作有必要、有用且富有成效，才会允许企业生存。

此处我的意思并不是指公共关系，公共关系只是一种手段，谈论对象也不只涉及大型企业。即使自由企业制度得以存续，其中的个别企业或行业也可能（当然经常如此）受到税法、分区法⊖、市政法令、联邦法律等社会或政治举措的限制和惩罚，甚至被淘汰出局。对社会趋势和经济

⊖ 分区法（zoning laws），在美国，它包括各种关于土地使用的法律，属于州政府和地方政府对私有不动产行使警察权的范畴。——译者注

政策的预测，以及创造企业生存所需事物的有组织的行为，任何时候这两方面都是每家企业真正的生存需求。企业的每项行动都必须考虑到这两方面，并且必须将其纳入每项决策。

同样，企业也是经济的产物，受经济形势变化（包括人口、收入、生活方式、消费模式、期望、价值观等）的支配。这方面同样需要若干预期的目标，以便使企业能够适应形势，同时致力于创造最有利的经济环境。

（3）第三个领域是企业的特定宗旨和贡献。企业的宗旨当然是**提供经济产品和服务**，这是企业得以存在的唯一理由。要不是由于我们找不到更好的方式来富有成效、经济节约、效率高超地提供经济产品和服务，否则我们不会忍受这种纷繁复杂、难以管理、冲突不断的机构。据我所知，确实没有更好的方式。那是企业得以存在的唯一理由，也是企业的唯一宗旨。

（4）第四个领域涉及企业宗旨的特性，我称之为本性（the nature of the beast）。换句话说，一切都发生在**不断变革**的经济和技术环境中。工商企业实际上是最早旨在创造变革的机构。自史前时期或历史初期至今，人类构建的所有机构都旨在防止变革，包括家族、政府、教会、军队等。长期以来变革都是对人们安全的灾难性威胁。但工商企业是旨在创造变革的机构，这一点堪称前无古人。顺便说一句，这也是企业纷繁复杂、难以管理的基本理由之一。

这意味着企业不仅必须能够适应变革（这不是什么新鲜事），还意味着每家企业要生存就必须努力创新。途径、方法、组织、营销、市场、财务、人事等社会创新（也就是目的明确、组织有序地引入新事物），与产品、流程等技术创新同等重要。

在美国，不到30年的时间里，各产业用于研究的开支已经从不足国民收入的0.1%增至1.5%或2%。上述增长主要出现于过去的10年中，这意味着我们仍将受到重大技术变革的影响。但分销渠道等非技术创新同样迅速增加。然而，许多企业甚至仍旧没有适应变革，只有少数能够努力创新——主要是在技术领域。因此，我们亟须一种有效的工商企业理论，并且在这方面存在做出贡献的重大机遇。

（5）第五个领域涉及一种绝对的生存要求，即**利润率**。原因很简单，前述四个领域都意味着**风险**。到目前为止，我说的一切都表明，创造并承担风险是工商企业的宗旨、性质和需要。**风险是真实的成本**，与会计人员确切指明的成本同样真实。两者唯一的区别在于，直到未来已经变为过去，我们都不知道承担风险的代价有多大，但它们**都是**成本。除非我们准备好相关成本，否则就会破坏资本；除非我们为损失（未来成本的另一种说法）做好准备，否则就会破坏财富；除非我们为风险做好准备，否则就会破坏生产能力。因此，最低利润率足以应对我们必然创造和承担的风险，是工商企业甚至整个社会生存的绝对要求。

这说明了以下三点。首先，利润率是一种客观需要，是企业的本质所在，其本身与商人动机或"制度"结构无关。哪怕企业经营者是大天使⊖（顾名思义，大天使坚决拒绝利润动机），也不得不努力创造利润，不得不像最贪婪的追逐利益者一样热切地、勤勉地、忠诚地、负责地重视利润率。

⊖ 大天使（archangels），基督教、犹太教、伊斯兰教等宗教中的高等级天使，但在不同宗教中，大天使的名字和数量存在差异。——译者注

其次,利润不是"企业家的份额"或某个"生产要素"的"回报",不与劳动力等其他"份额"并列,而是高于它们。利润不是对企业的要求,而是企业自身的要求——缺了它企业无法生存。诚然,利润的分配方式、分配对象在政治上都非常重要,但这无助于理解企业的需求和行为。

最后,无论用于解释短期利润、长期利润还是两者的平衡,"利润最大化"都是一个错误概念。重要的问题是"企业需要的最低利润是多少",而不是"企业的最大化利润是多少"。顺便说一下,"维持生存的最低利润"在许多情况下往往超过当前许多企业所谓的最大化利润。至少,这是我在多数企业中发现的情形,在这些企业中,相关人员试图仔细地全面考虑面临的风险。

上述五个领域中的每一个都是关于整个企业的可信观点。人际关系著作仅仅把企业视为一种人群组织。然而,我们还可以把企业作为社会和经济体系中的存在,这是经济学家的视角。当然,这种观点完全正确,但也仅仅是一种视角。

同样,我们还可以把企业视为产品或服务的提供者。创新和变革是另一种视角,利润率同样如此。这些都是企业的不同侧面。但我们只有把五种视角都考虑在内,才能以此为基础构建一种工商企业理论。

因为管理企业意味着制定决策,每一个决策都取决于上述五个领域的需求和机会,反过来也会影响每个领域的绩效和成果。

工商企业学科的任务

由此得出的第一个结论是,每家企业都需要在上述五个领域设立目标（无论正确与否），每个领域出现问题都会危害整个企业。无论企业在其他四个领域的绩效多么卓越，任何一个领域的失败都会危及整体。然而，这些领域之间的关系并非相互依赖，而是彼此自治。

（1）工商企业学科的第一项任务是：**开发清晰的概念和实用的测量标准来设立目标，并测量上述每个领域的绩效。**

这当然是一项重大任务，也是一项长期任务。然而，当前我们尚不能在任何一个领域真正界定目标，更遑论测量成果。虽然近些年管理经济学取得了巨大进步，然而甚至在利润率方面，我们掌握的也仅仅是过往数据，而不是把当前或预期的利润率与未来的特定风险或需求联系起来的测量标准。在其他领域，总体来看我们甚至连这一点都做不到。在人群组织的效果、经济和社会体系中的公共形象、创新等领域，我们可能在相当长一段时期内（也许是永远）只能满足于定性评估（使判断成为可能）。甚至做到这一点都已经是巨大的进步了。

（2）第二个结论同等重要：**没有任何一个目标是企业的"唯一"目标；没有任何一个标准是衡量企业绩效、前景和成果的唯一标准；没有任何一个领域是最重要的"唯一"领域。**

的确，对工商企业而言最危险的过度简化可能就是只有"一个标准"，无论是投资回报、市场地位、产品领先或者你采用的其他单个标准，都概莫能外。在最佳情况下，这些标准也只能测量企业在一个重要生存领域的绩效。但是，任何一个领域的故障或失败都不能被其他领域的绩效抵消，如同动物的消化系统或神经系统崩溃，再健康的呼吸系统或循环系统也救不了它。所以，工商企业的成功与失败都具有**多个维度**。

（3）这就引出了另一项重要任务：为了最好地为企业的生存和成长创造条件，需要采取一种理性、系统的方法来**选择和权衡各种目标**。这可以被称为企业"伦理"，因为伦理学就是一门研究在手段和目的之间进行理性选择的学科。这也可以被称为具备企业家精神的"战略"。伦理和战略都不可能具有彻底的决定性，也不能完全随心所欲。我们需要的工商企业学科，应该既包含适应环境和"处理"平均统计概率事件的"典型"决策，又涵盖能够打破先例、扭转趋势、创造新趋势、充满企业家愿景和勇气的创新性"独特事件"——如今这种具备企业家精神的学科已经出现萌芽。但是，这样一门学科的重要性，犹如作曲理论之于音乐作曲家，战略理论之于军队领导者，是防止政府监管的保障措施，也是对风险的评估，最重要的是能够促进企业的独立自主和开拓创新。

顾名思义，至少在一段时期内，生存目标涉及的不同领域会把企业往不同的方向拉扯。即使最富有的企业（甚至最富裕的国家），其资源也不能满足所有领域的全部需求，这是不言自明的公理。资源绝非无限，所以不得不进行分配。只有在市场地位、产品领先、未来的人群组织等方面承担风险，企业才能获得更高的利润率，反之亦然。企业家的特有工作是从事风险型价值决策，思考哪些风险企业能够承受，哪些不能承受，哪些风险企业承担不起不接受带来的后果，进而权衡不同领域的目标、此领域的当前目标与彼领域的未来目标。价值决策本身仍将主要是一种"判断"（用于判断人类价值观、形势评估、权衡利弊、风险平衡问题）。但是，对生存目标及其要求的理解，既能够为决策奠定理性基础，又能够为分析和评估企业家绩效提供合理标准。

预算过程的可用观点

最后的结论是，我们需要一种新方法——预算过程，从而做出在生存目标涉及的不同领域之间进行抉择的价值决策，并且尤其需要切实理解体现这类决策的预算支出，也就是"管理支出"和"资本支出"。

预算通常被认为是一种财务过程，但只有数字符号具有财务特征，预算决策则具有企业家特征。现在普遍认为管理支出和资本支出是完全分离的，但这种分离是会计（或税收）上的虚构，容易产生误导。实际上，两种支出都是把稀缺资源投入不确定的未来，从经济上看都是对未来进行投资的资本支出，并且它们必须体现关于生存目标的相同的基本决策才具有可行性。最后，当前我们对经营预算的关注主要放在可变支出上，而不是管理支出，因为从历史上看，可变支出的数额最大。但无论数额大小，围绕管理支出的决策决定了企业的未来。

实际上，管理层几乎无法控制会计中所谓的可变支出（那些与生产部门直接相关，且以某种方式固定下来的费用），只能缓慢地加以调整。管理层能够改变的是生产部门和人工成本之间的关系。具有讽刺意味的是，尽管人工成本中的大部分都是固定的附加福利，但我们仍旧将其视为可变支出。在任何一段时期内，这些支出都只能保持在正常水平，不能轻易变动。当然，与过去的决策有关的支出（即固定支出）更是如此。无论这些支出是资本支出、税收支出还是其他支出，管理层都无法取消。这些都超出了管理层的控制范围。

然而，其中关于未来的支出（即资本支出和管理支出）体现了具有风险性的价值选择，具体包括设施设备、研究和销售规划、产品开发和人员开发、管理和组织等方面的支出。这些管理支出预算是企业为实现特定目标做出真正决策的领域。顺便说一句，我之所以非常不喜欢那些领域的会计比率，是因为它们试图用逝去的历史代替创造繁荣的未来。

在这个过程中，我们做出的决策涉及两个方面：第一，我们分配人员做什么？因为预算资金代表的是人员分配，我们分配人员和精力干什么？为了什么目标？因为我们不能面面俱到，所以必须有所为有所不为。

第二，时间跨度是多长？换言之，我们如何**平衡**长期工作的支出与产生直接影响的支出？前者致力于长远未来的成果（如果有的话），例如，人员开发（长达 15 年的工作）的效果难以检验和测量，是一种有关长期信念的决策。后者可能会即刻获得成果。忽视长期方面会削弱企业的实力，然而无论当前还是未来，企业都必须切实满足某些短期需求。

在我们对基本生存目标、各领域的决策和选择依据的标准有了清晰的理解之前，预算不会成为负责任的理性判断，仍将保留现在具有的若干直觉特征。但是经验表明，单单树立生存目标的观念就可以大大提高决策过程的质量和效果，加强对正在做出决定之事的理解。实际上，生存目标观念给我们提供了一种有效工具（我们正在学习），以便把职能工作和专业努力整合起来，尤其是在整个组织内创造一种共同的理解，以及关于贡献和绩效的共同衡量标准。

迄今为止，通过对生存目标的分析来研究工商企业的学科，仍旧是一门崭新的学科，各方面尚不健全。然而，这是我们拥有的首个关于工商企业的**一般**理论，已经证明了其自身具备统一的观念，当然，它还不是一种非常精致、非常健全的理论，更谈不上非常**精确**。任何物理学家或数学家都会说：这不是理论，而是花言巧语。但至少，或许仅仅在言辞上，我们的讨论言之有物。我们第一次不再处于下列境况：理论即使不是一种障碍，也是无关紧要的；实践必须是非理论性的，由于人们只能传达普遍原理，这意味着实践不能被讲授，不能被学习，也不能被传达。

因此，这应该成为一个产生突破性进展的领域。20年后，这很可能会成为**核心**观念，我们围绕着该观念能够把知识、无知、经验、偏见、洞见、技能有序地组织起来——现如今我们称之为"管理"。

第 10 章 | CHAPTER 10

管理者与计算机⊖

尽管计算机给人们带来了惊喜,但其在经济上的重要性尚未显现。直到今天,IBM 公司计算机的每月出货量不过 1000 台左右,产生的影响微乎其微。我们尚未挖掘计算机的潜力,迄今只是用它来从事若干无足轻重的文书工作。但毫无疑问,计算机已经创造出了世界史上从未有过的新现象,例如为数学家提供工作岗位。但无论研究生院院长们怎么看,这都算不上一项重大的经济贡献。

因此,在未来我们才能看到新技术在经济方面的影响力。如果把当今的影响逐个从民用经济中去除,我们几乎都注意不到这些数据——也许只有 1%~2%。

⊖ 首次发表于 1967 年春《麦肯锡季刊》(*The McKinsey Quarterly*)。

但是这种线性运动的各个方面都在迅速变化。其中最大的变化就是，在过去 20 年里我们创造了一种全新的资本和资源，即知识。只关注统计数据的经济学家不会注意到这一点。

1900 年以前，即使不存在掌握专业知识之人，世界上任何一个社会都能照常运行。我们可能需要律师来为罪犯辩护，需要医生来开具死亡证明，但在没有律师的情况下罪犯依旧能够得到辩护，在没有医生的情况下病人的死亡证明依旧能够顺利开出。对整个社会而言，许多行业不过是点缀，我们需要教师来教育相关从业人员，但在很大程度上教师行业也是一种点缀。尽管世人仰慕掌握专业知识之人，但并不需要他们来维持社会的正常运转。

直到 20 世纪 40 年代中期，通用汽车公司还在小心翼翼地保守着秘密：最高管理层的阿尔伯特·布雷德利⊖拥有博士学位，甚至连他上过大学的事情都只字不提，因为当时的人显然认为，14 岁开始从事送水工作，经历摸爬滚打成长起来的人更加值得尊敬。拥有博士学位这事儿显然让通用汽车公司有点尴尬。

现如今，各公司都在炫耀拥有博士学位的员工数量。知识显然已经变成了资本来源，并且成为非常昂贵的资源。一位著名商学院的毕业生背负着大约 10 万美元的社会投资，其中还不包括父母在他身上的花费以及机会成本。他的祖父母和曾祖父母在仅仅十二三岁时就已经扛着锄头去农田里劳动，他本人则放弃了为社会做贡献的 10 年时间，那是一笔巨大的社会投资。

除了上述费用，我们还正在做一些非常具有革命性的事情，比如把

⊖ 阿尔伯特·布雷德利（Albert Bradley，1891—1983），在密歇根大学获得硕士和博士学位，1956~1958 年担任通用汽车公司董事长。——译者注

知识应用到工作中。7000多年前，当我们的祖先首次把技能应用到工作中时，第一次伟大的技术革命应运而生。当时的人们并没有运用技能来代替体力。需要最多技能的工作同样需要最大的体力，挖沟工人和做大手术的外科医生耗费的体力难分伯仲。但我们的祖先在一定程度上把技能置于体力劳动之上。在如今正在开展的第二次技术革命中，我们把知识置于技能和体力劳动之上。知识不是技能的替代品，而是一个全新的维度，我们单靠技能无法从事工作。

上述变化对管理具有下列重要意义。

首先，我们必须学会使知识富有成效。但迄今为止，我们确实尚不清楚该怎么做。据我所知，在当前的几乎所有企业中，知识工作者的工资成本已经超过劳动力成本的一半，这代表着对人的巨额资本投资。然而无论生产率还是利润率，都没有表现出相称的提高。很明显，尽管企业为知识工作者提供丰厚的报酬，却没有得到多少回报。如果你观察一下我们管理知识工作者的方式，就会明白原因所在——显然我们不知道如何管理知识工作者。

我们知道的为数不多的事情是任何知识工作者（甚至档案管理员）都符合下列两条准则。第一，除非知识得到利用和扩展，否则就会消亡。技能一旦被搁置，就会变得生疏，但它能够快速被恢复和完善。知识并非如此。如果知识不能经受住质疑并获得发展，就会迅速消失。知识要比我们曾经拥有的任何其他资源更加容易消亡。第二，唯一能激励知识工作者的因素是成就。任何曾经取得巨大成功之人从那时起都会受到成就的激励，并且其效果绝不会衰退。因此，我们确实对如何使知识富有成效知之甚少。

经验的过时

其次，另一种重要意义源自新型知识资源的创造。新一代管理者的年龄通常不足 35 岁，是在积累 10~20 年经验之前就开始思考把知识应用到工作中的第一代人。我这一代管理者是迷茫的一代，完全根据经验来衡量自身的价值。当然，在一定程度上我们所有人都需要根据经验从事管理工作。但由于经验不能被检验或传授，所以根据经验从事管理工作往往不能尽如人意。经验必须基于亲身经历，除非是非常伟大的艺术家，否则无法准确传授经验。

这意味着两代管理者在一起工作将会非常沮丧。新一代管理者理所当然地期望我们（即他们的前辈或老年人）言行一致，而我们做梦都不敢想象。我们宣扬知识、制度和秩序，是因为我们从未拥有它们。而我们唯一拥有的是经验，并据此行事。在花了半辈子时间用来获得经验之后，我们仍然不明白自己真正在做什么，所以会感到沮丧和失落。而新一代管理者往往是正确的，因为时间在他们一边，这意味着我们这一代管理者不得不做出改变。

最后，这就引出了第三种重要意义。任何想要保持领先地位的企业将不得不把年轻员工安排到重要岗位上，而且要快。年长者之所以不适合这些岗位，并非由于智力水平欠缺，而是因为已经形成了错误的条件反射。年轻员工长期身处学校，没时间获得我们过去认为在重要岗位上任职必不可少的经验。人口年龄结构决定了在未来 20 年中，无论我们喜欢与否都将不得不提拔那些几年前尚被认为年龄不够之人，找到帮助他们走上重要工作岗位的方法。企业必须学会停止用 59 岁的人替代 65 岁的员工，必须找到年仅35岁的优秀员工。

然而，尽管知识非常重要，但即便仅仅由于知识尚未对世界经济数据带来明显的影响，所以知识作为一种新的资本来源的出现并不是当今环境中最活跃的变化。或许最活跃的变化发生在技术领域。

当然，许多传统技术仍然有很强的生命力。例如，我认为汽车业显然尚未经历最高速的增长。然而，在一些发达国家，汽车业已进入守成阶段。无须发挥太大想象力就可以预测，未来私家车在市中心区域将被限行，内燃机将被局限用于公路长途运输等。

我们再来看看钢铁业。技术的发展会使炼钢成本削减近40%，这点是非常容易预测出来的。但这是否足以振兴钢铁业还不好说。我认为，钢铁可能需要更大的成本优势才能再次成为过去那种普遍使用的材料。由于钢铁和所有其他多用途的材料一样，在任何单一用途方面都不理想，所以只能开展价格竞争。众所周知，由于混凝土、塑料等产品的普及，跟第二次世界大战前相比钢铁业已经丧失了20%的市场份额。在未来10年内，钢铁会不会因为一种新型复合材料的出现而失去汽车车身业务，仍是一个悬而未决的问题。只有傻瓜才会为此打赌，同样的道理，只有傻瓜才会打赌此事不会发生。如果果真如此，我甚至非常怀疑，炼钢成本削减40%是否能够阻止钢铁业与以往的经济增长引擎行业一样陷入长期衰退。

在农业领域，最大的需求是提高生产率，但这一点同样不适用于发达国家。现如今，发达国家农业人口在总人口中的比重已经非常低，以至于即使农业生产率提高两倍，也不会对整体经济格局产生多大影响。

综上所述，我并不是说基于传统技术的产业没有前途，而是说这些产业不可能提供经济持续发展所需的动力。我认为，从现在开始，经济发展的动力将必须源自基于新技术的新产业。在一定程度上，从第一次世界大战之前直到今天，人们首次面临这种形势。

知识的效用

在当今的经济体系中，潜在最具颠覆性力量的是信息技术。我指的不仅仅是计算机。计算机之于信息，犹如发电站之于电。发电站让很多事情成为可能，但其本身并非经济价值的体现。经济价值体现在各种工具和设备、电器、马达、设施上，只有在有电的前提下，这些东西才成为可能，进而成为必要之物，此前甚至完全不存在。

信息和电一样都是能源。电是机械工作的能源，信息则是脑力工作的能源。计算机犹如中心发电站，但也需要具备电子传输设施——卫星和相关设备。我们拥有了转换能源和信息的设备，掌握了电视显像管技术，拥有把算术转化为几何、把二进制数字转化为曲线的能力，能够把信息从计算机存储设备中调用并显示出来，或者把任何形式的信息加以复制。所有这些构成了信息系统。从技术上来讲，西尔斯公司明天就可以以一台电视机的价格提供一种电器，让我们可以直接接收从幼儿园到大学全部功课的所有信息。

分时原则⊖已经开始发挥作用。我认为，毋需太多想象力就能够预测，20年后的典型大型企业将拥有专用的计算机系统，就像现在拥有蒸

⊖ 分时原则（time-sharing principle），是对计算机资源的一种共享方式，这个概念出现于20世纪60年代，在70年代引发了计算机历史上的一次重大技术革新。——译者注

汽发电站一样。可以合理地预测，计算机将成为一种公用设施和公共载体，只有需求非常特殊的组织才会拥有专用的计算机系统。当前钢铁厂都拥有专用的发电站，是因为它们需要大量电力。20年后，相当于当前钢铁厂的一家从事脑力工作的机构（例如麻省理工学院）很可能会拥有专用的计算机系统。但我认为，多数其他大学，在大多数情况下只是简单地接入分时系统○即可。

试图详细预测任何如此重大发展之影响都愚不可及。我们确定无疑的是，形势发生了巨大变化，但不能准确预测这种变化的后果及其时间、地点和方式。这种巨大的变化不仅仅满足了现有的需求，也取代了我们正在做的事情，创造了新的需求，让新事物成为可能。

信息新时代

然而，信息的影响要远超电力。原因很简单，在有电力之前，我们已经有电流，也有能源。尽管既昂贵又稀缺，但我们确实拥有它们。然而在此之前，我们从未拥有信息。信息成本高得令人难以置信，几乎完全不可靠，而且总是太迟以至于价值微乎其微（如果说有任何价值的话）。因此，过去多数不得不利用信息从事工作之人都知道，我们必须创造自己的信息。如果一个人有理智的话，就会对什么创造是可信的、什么创造可能会成功、什么不行都有一种相当准确的直觉，但真正的信息不能被拥有。如今，信息首次开始被人们拥有，对社会各方面必将产生极其

○ 分时系统（time-sharing systems），一台主机上连接多个终端并由此组成的系统，允许多个用户同时通过自己的终端，以交互方式使用计算机，共享主机中的资源。——译者注

重大的影响。

我认为,无须试图预测该影响的确切性质和具体时间,就可以有把握地做出下列假设。

假设1:未来10年内,信息的成本将会越来越低。现如今,一台电脑一小时需要花费至少数百美元。根据我看到的数据,到1973年前后,该成本将会下降至1美元。当然下降速度有可能没那么快,但是这种趋势是无可置疑的。

假设2:当前计算机的计算、存储信息能力,与使用信息能力之间的不平衡状况将得到纠正。我们将投入越来越多的资金生产各种软件、程序、终端等,以提高计算机的可用性。客户不会满足于仅仅把计算机作为摆设。

假设3:我们已经走出起步阶段。那种惊讶于计算机在不到1纳秒㊀的时间内完成2+2运算的时代已经远去,那种为了给计算机找事做而把所有不重要的事务交给它处理的阶段(把计算机作为成本高昂的办事员)也已经一去不复返。实际上,据我所知,还没有人用这种方法实现节省资金的目的。在计算机上从事文书工作并不便宜,除非工作量巨大,比如每周发行700万份的《生活》杂志㊁。但是,起步阶段从来都不便宜。

现在我们可以开始让计算机做该做的事情——信息、制造过程的控制、库存控制、发货以及交货等。我不是说我们不应该用计算机处理薪

㊀ 纳秒(nanosecond),时间单位,1秒的10亿分之一。——译者注
㊁ 《生活》(*Life*),美国杂志,1883年创刊,1936年被亨利·鲁斯(Henry R. Luce, 1898—1967)收购,注重插图、笑话和社会评论。——译者注

资事务，但处理薪资事务并非计算机的主要用途。如果计算机只能处理薪资事务，恐怕我们对它就没这么大兴趣了。

管理计算机

我们正逐渐认识到，计算机不能做任何决策，只能执行命令。打个比方，计算机是彻头彻尾的不动脑子，迫使我们不得不思考并制定标准，这正是其优势所在。工具越不动脑子，操作者就必须越聪明——计算机是我们遇到过的最不动脑子的工具了。计算机能做的就是在 0 和 1 之间做选择，但选择的速度快得惊人。计算机既不会觉得累，也不需要任何加班费。因为计算机能做所有真正不需要技能的工作，所以比我们曾经拥有的任何其他工具都更能扩展我们的能力。计算机承担了那些不需要技能的工作，让我们得以（实际上是迫使我们）深入思考自己正在从事的工作。

尽管计算机不能做决策，但是如果得到明智地使用，计算机会提高信息的有效性。这将从根本上改变企业的组织结构——实际上是所有机构的组织结构。迄今为止，我们组织各项事务向来不是根据工作的逻辑，而是根据信息的缺失。所有组织层级的存在只是为了提供备用的信息传输机制，以应对信息流的故障，而这些都被认为是理所当然的。现在这种多余的事情已经不需要做了。我们绝不能允许计算机把组织结构变得更加复杂，如果计算机不能帮助我们简化组织结构，那么它就被误用了。

伴随信息有效性的大幅提高，计算机将减少管理者必须处理的数据的绝对量。当前，计算机可能是有效地管理信息的最大障碍，因为每个人都在使用计算机制造大堆文件。当代心理学告诉我们，导致感官失灵的最佳方法就是使其被大量刺激淹没。办公桌上堆满计算机制造的文件的管理者，反而不可救药地不了解真实情况，这就是原因。所以，最重要的是让计算机**只**提供我们想要的信息。我们必须要思考的不是"我能得到多少数据"，而是"我需要哪些数据？什么形式的数据？何时需要？以何种方式获得"。我们必须拒绝思考其他问题。我们不必再像吉卜赛人那样解读茶叶提供的信息⊖，也就是不再必须获得并解读那些对我们毫无意义的数据。

相反，我们必须决定自己的信息需求以及计算机满足这些需求的方式。为此，我们必须理解运营过程及其背后的运营原则，必须运用相关知识对其加以分析，并将其转化为员工的例行性工作。即使是天才的工作，经过深思熟虑和系统化，也会转化为例行性工作。一旦转化为例行性工作，一名普通办事员也能够从事这项工作——或者一台计算机也能完成。因此，一旦我们真正理解了正在从事的工作，就能够界定自己的需求并编写程序让计算机来完成。

超越量化范围

然而，我们必须认识到不能量化的信息无法输入计算机。我们无法量化我们不能界定的事务。许多重要的、主观的事务都属于这一类。要**了解**某事，尤其是真正理解某些重要事务，我们必须从16个不同的视角来考察。人们的感觉往往比较迟钝，理解某事没有捷径可走，需要耗费很长时间。当今的管理者不能花费大量时间理解某事，因为他们没有那

⊖ 此处指读茶术，详见本书"第8章：长期计划"的注释。——译者注

么多时间。他们过分忙于处理那些能够量化的事务（也就是**能够输入计算机的信息**）。

这就是管理者应该使用计算机来控制企业例行性事务的原因，以便他自己可以每天只花 10 分钟时间来控制，而不是先前的 5 小时。然后，管理者就能够利用节省下来的时间仔细思考自己不可能彻底清楚的重要事务——人和环境。管理者不能界定人和环境，所以必须花时间走出办公室实地观察。我们当前遭遇的大部分管理失误，原因都在于管理者没能做到这一点。

管理失误率最高的地方出现在从中级管理层晋升至最高管理层的阶段。多数中层管理者当前从事的工作，与刚入职时的工作本质上没有区别：运营控制和危机处理。相反，最高管理者的主要职能是思考。最高管理者的成功标准和中层管理者的晋升标准几乎截然不同。

通常来讲，新任最高管理者的晋升向来是基于成功适应的能力。但晋升之后，他突然远离了前线，以至于不知道需要适应什么，所以常常遭遇失败。新任最高管理者或许能力突出，但工作经验并不能让他做好思考的准备。对于如何制定企业家决策或政策决定，他几乎一无所知。这就是最高管理层失误率非常高的原因。据我所知，2/3 晋升至最高管理层的人都以失败收场，他们本质上仍是一名中层管理者，而未能成功转型为最高管理者。他们不一定会被解雇，反而会被任命为执行委员会成员，配备更大的办公室，荣获更高的头衔，获得更多的薪资。由于他们没有接触过思考，所以可能产生更高的阻碍价值⊖。这正是我们需要消除

⊖ 阻碍价值（nuisance value），指为阻止同业在邻近地区设店竞争或妨碍本店营业而购入资产的价值，作者此处是指撤换不合格的新任最高管理者需要付出更高的代价。——译者注

的弊病。

另外,中级管理层将面临一个新的开发难题。如今,把某人提拔为中级管理者并不难,难的是我们不仅需要最高管理者思考,也需要中层管理者学会思考。教人们思考这一点,将不得不沿着直线管理层级日益向下延伸。这些难题已经在若干大型商业银行初现端倪。

为了保存知识,我们将不得不恰当地管理知识。这给我们带来了无数教与学的难题、思考技巧与相关知识的开发难题——这些难题不仅出现在发达国家,还包括那些尚未意识到"依靠经验进行管理"和"依靠思考进行管理"之区别的国家,以及那些尚未意识到存在"管理"这种事物的国家。但这是另外一个话题了,此处不赘述。

第11章 | CHAPTER 11

技术革命：技术、科学与文化之间的关系^㊀

"在过去的200年中，是什么导致了人类境况的根本变革？"标准答案是"科学进步"。本文对此提出异议，认为更加准确的答案可能是："技术概念的根本变革。"其核心在于旧技术被系统性地重组为拥有自身概念工具的公共学科，例如19世纪医学中的"鉴别诊断"概念㊁。在1750～1850年的一个世纪中，人类的三种主要技术——农业、机械工艺（今天的工程学）和医学都经历了快速的重组过程，几乎立刻孕育了现代农业、工业和医学领域的"革命"。

㊀ 首次发表于1961年秋《技术与文化》。
㊁ 鉴别诊断（differential diagnosis），系统化的诊断方法，将某原因从其他选择中辨识出来。——译者注

重组过程对同时代科学的新知识基本没有或完全没有贡献。事实上，在上述每项技术领域，基于经验的实践都遥遥领先于科学。因此，技术是科学的驱动因素，例如，瓦特改良蒸汽机 75 年之后，克劳修斯[一]和开尔文勋爵[二]才奠定热力学的科学基础。确实，除非工艺已成功转变为技术学科，否则科学对工业技术革命不会产生影响。

但技术会对科学产生直接影响，新出现的系统性技术会改变科学，并且这种改变（科学自身的定义及形象的改变）是最具根本性的。科学自身从"自然哲学"[三]变成一种社会建制。科学用来定义自身的词汇仍旧保持未变："系统性地探索理性知识。"但"知识"的含义从聚焦于人类思想的"理解"转变为聚焦于应用技术的"控制"。之前科学往往提出的根本性形而上学问题被取代，而很少被关注的基本社会问题和政治问题反而越来越受到重视。

如果声称技术攫取了超越科学的至高权力，那么就言过其实了。打个比方，正是技术建造了未来的房屋，领出了婚姻证件，让科学不情不愿地参加双方的婚礼。并且，正是技术使得两种性质的事物结合在一起，即科学向技术融合，而非科学和技术联合。

证据表明，转变的关键依赖于有关技术的新基本概念，也就是有其特定原因和动力机制的真正技术革命。

[一] 克劳修斯（Rudolf Clausius，1822—1888），德意志物理学家，1850 年提出热力学第二定律。——译者注

[二] 开尔文勋爵（Lord Kelvin，1824—1907），爱尔兰物理学家，1848 年发明热力学温标。——译者注

[三] "自然哲学"（natural philosophy），自然科学的前身，主要思考自然界和人的相互关系、人造自然和原生自然的关系、自然界的最基本规律等哲学问题。——译者注

第 11 章 | 技术革命：技术、科学与文化之间的关系

在所有主要技术中，只有医学已经被系统性地讲授了很长时间。我们可以从今天的医学一直不间断地追溯至1000多年前阿拉伯哈里发帝国⊖的医学，线索虽然已经有些模糊，但可以继续上溯1400年至亚历山大学派⊜，最终追溯至古希腊的希波克拉底⊜。从一开始，医学院就既传授理论知识又从事临床实践，在科学和技术两方面同步展开。在西方国家，医生不同于其他技术专家，一直享有崇高的社会声望和社会地位。

然而，直到晚近时期（大约1850年），科学知识和临床实践之间仍未形成组织化的可预测关系。中世纪时期，西方医学在卫生保健领域的一项主要贡献就是发明了眼镜。眼镜被人们普遍接受的具体时间是1286年，到1290年，眼镜的使用已被大量文件证明。¹ 几乎可以确定，这项发明基于崭新的科学知识，很有可能就是培根㉔的光学实验。当眼镜得到普及时，培根依然在世（他去世于1294年㉕）。直到19世纪，都没有将新的科学知识几乎立刻转化为技术的其他例子，医学领域尤其如此。然而，古希腊时期盖伦㉖首创的视觉理论拒绝任何基于现实经验的修正，直

⊖ 哈里发帝国（Arab caliphates），阿拉伯人建立的伊斯兰帝国，1258年被蒙古帝国征服。——译者注
⊜ 亚历山大学派（School of Alexandria），希腊罗马时期，在亚历山大港发展起来的医学流派。——译者注
⊜ 希波克拉底（Hippocrates，公元前460年—公元前375年），古希腊名医，被誉为西方医学之父。——译者注
㉔ 培根（Roger Bacon，1220—1292），英国哲学家，方济会修士，强调通过经验研究自然。——译者注
㉕ 德鲁克原文中认为培根卒于1294年，但根据1968年版《不列颠百科全书》和1991年版《美国百科全书》记载，培根的去世时间均为1292年。——译者注
㉖ 盖伦（Galen，129—216），古希腊哲学家、医生，推崇希波克拉底提出的气质体液说。——译者注

到 1700 年仍在医学院中被讲授。²

400 年后的伽利略时代，医学又前进了一大步——哈维⊖发现了血液循环，这是古代⊜以降最重要的新知识。100 多年后，詹纳⊜的牛痘疫苗问世，既是历史上首次出现特效疗法，又是首次对重大疾病的预防治疗方法。

哈维的发现，推翻了所有支持古老的放血疗法⊛实践的理论假设。到 1700 年，哈维的发现已经在所有医学院进行传授，并被收录进所有医学著作中。然而，放血疗法依旧占据医学实践的核心，又过了 100 余年，直到 1850 年一直被作为万能疗法。³ 最终促使人们彻底抛弃放血疗法的并不是科学知识（当时哈维的科学知识已经被证明是正确的，且已被人们接受的时间长达 200 余年），而是临床观察。

同哈维相比，詹纳的成就在本质上就是技术性的，没有任何理论基础。这或许是临床观察创造出的最伟大成绩。种痘的阻力很大，毕竟，这是故意使人患天花的鲁莽行为。但似乎没人注意到詹纳的疗法与当时生物或医学科学理论的冲突，直到 100 多年后的巴斯德⊕才在科学层面解决了该冲突。对我们而言似乎令人费解的是，当时竟然没人试图对疫苗接种进行科学解释或深入研究免疫现象。但是，一位临床上给人接种疫

⊖ 哈维（Harvey，1578—1657），英国医生，根据实验证实动物体内的血液循环现象。——译者注

⊜ 古代（Ancients），在欧洲，一般泛指 476 年西罗马帝国灭亡之前的整个人类文明史。——译者注

⊜ 詹纳（Jenner，1749—1823），英国医生，研究并推广牛痘疫苗以预防天花，被称为疫苗之父。——译者注

⊛ 放血疗法，基于希波克拉底提出的气质体液说，通过放血实现体内四种体液的平衡，该疗法实际上没有任何科学依据。——译者注

⊕ 巴斯德（Pasteur，1822—1895），法国微生物学家，以对疫苗、巴氏杀菌原理的发现而闻名。——译者注

苗的医生，在长达一个世纪的时间里讲授的科学理论却认为接种疫苗是荒谬的，如何解释这种矛盾呢？

唯一的解释就是，当时人们认为科学和技术没有必然联系。对当今的我们而言，假定科学知识转化为技术是理所应当，反之亦然。该假定解释了人们讨论科学和"有用的技术"之间的历史关系时出现的歪曲。然而，围绕古人的假定展开辩论没什么意义，即使科学与技术之间存在微弱的联系，实际上也同不存在差不多。正是在我们时代，而非历史上，人们才假定科学理论和技术实践之间存在一致性。

科学与技术的区别不在于内容，而在于各自的关注点。科学是哲学的分支，注重理解，旨在提升人类的心智水平。科学一旦被利用，就会导致自身的被滥用和堕落（柏拉图的著名论点）。技术则聚焦于使用，旨在提高人类的做事能力。科学处理的是最普遍的问题，而技术解决的是最具体的问题，两者之间的任何相似之处都"纯属巧合"。[4]

在思想和世界观领域，任何重大变迁都没有非常确定的时间范围，技术革命同样如此。然而，我们确实知道，这一变迁发生在1720～1770年的半个世纪之内，即从牛顿到富兰克林时期。

现在几乎没人意识到，斯威夫特⊖对种出两片草叶之人的著名赞誉，只能存在于以前的时代，显然他赞扬的对象并非科学家。相反，这是对科学家尤其是令人敬畏的英国皇家学会⊜进行猛烈攻击的致命武器，意在

⊖ 斯威夫特（Jonathan Swift，1667—1745），英国作家，在《格列佛游记》中声称："谁要能使本来只生产一串谷穗、一片草叶的土地上长出两串谷穗、两片草叶来，谁就比所有的政客更有功于人类，对国家的贡献就更大。"德鲁克此处的论述，即由此而来。——译者注

⊜ 英国皇家学会（Royal Society），1660年成立，1703～1727年牛顿担任皇家学会第12任会长。——译者注

赞美能使人头脑清醒且获得收益的非科学的技术，抨击那些探索大自然，注重理解却没有明显成效的科学。虽然斯威夫特站在不受欢迎的立场上抨击牛顿科学，但他的基本假定（科学和技术是完全不同的，两者存在天壤之别）在18世纪初显然非常流行。再例如，从科学的观点来看，1720年的"南海计划"㊀显然不可行，但仍然没有一位科学家公开发表反对意见。许多人（牛顿爵士牵头）投入了巨资，[5]并且虽然时任皇家造币厂厂长的牛顿改革了商业活动，但他并没有为南海计划的任何技术问题操心。

50年后的1770年，富兰克林博士㊁已身为最卓越的"哲学家"和科学名人。虽然富兰克林是卓越的科学家，并且作为一名技术专家的成就为他赢得了声誉，但用18世纪的说法，他也是一名"技工"。通过富兰克林壁炉和双焦镜，我们可以看出他是一名才华横溢的爱设计小玩意儿的发明家。他的主要科学发现之一是探索大气中的电流，迅速用于实践并发明了避雷针。富兰克林的另一项主要科学发现，是从事海洋学方面的开拓性工作，最早发现并研究了墨西哥湾暖流，并被迅速用于提高跨大西洋邮政服务的速度。在这时，科学家们已经和普通公众一样向富兰克林热情致敬了。

顺便说一下，在1720～1770年的50年间（在历史中并非一段特别著名的时期），不论是普通人还是科学家，对待技术的态度一定发生了根本性转变。一个迹象是英国对发明专利的态度转变。在南海泡沫事件时期，

㊀ 南海计划，1719年南海公司向英国政府提出的大型换股计划，导致全民疯狂炒股，后在议会干预下南海公司股价急挫，包括牛顿在内的许多人血本无归，被称为南海泡沫事件。——译者注

㊁ 本杰明·富兰克林只有小学学历，但曾获得哈佛大学、牛津大学等七所大学授予的名誉硕士或博士学位，所以作者称他为富兰克林博士。——译者注

专利权仍不受欢迎，被抨击为"垄断"，往往被授予政治盟友而非发明家。到 1775 年，当瓦特获得改良蒸汽机的发明专利时，英国人已经赞同用这种激励方式促进技术进步。

我们非常清楚这段时期技术领域的变革，包括农业革命㊀和工业革命的开展。今天我们熟知的技术，即系统性地、有组织地作用于人类的物质工具，就诞生于该时期。这种技术是通过集中和组织现有知识，并系统性地应用和公布知识而产生的。当然，作为最后一步的公布知识，是最新颖的（技术再也不是所谓的"秘诀"了），也是最重要的。

新技术带来的直接影响不仅仅是技术的迅速进步，而且促进了系统性技术学科的建立，并被传授和学习，最后把科学的方向重新定位为培育新兴的技术应用型学科。

虽然农业[6]和机械工艺[7]彼此独立，但两者同时发生了变革。

英国农业的变革，以 17 世纪早期㊁塔尔㊂对马拉耕作机械的系统研究为起点，以霍尔克姆的科克㊃平衡规模化种植和选择性畜牧工作为终点，结果导致农业从"生活方式"转变为一种产业。然而，如果没有亚瑟·杨格㊄系统性出版公布上述新技术，恐怕他们的成果不会产生重大影响。定期公开介绍新技术，有助于新技术的迅速普及，促进开展下一步工作。最终效果极为显著，劳动力数量减半的同时产量翻了一番，进而使得劳

㊀ 农业革命（Agricultural Revolution），17~19 世纪欧美的农业大发展，奠定了工业革命的基础。——译者注
㊁ 根据塔尔的生卒时间，此处应为 18 世纪早期。——译者注
㊂ 塔尔，英国农学家，1700 年完善马拉播种机，后来发明马拉锄。——译者注
㊃ 霍尔克姆的科克（Coke of Holkham，1754—1842），引入新牧草，改良羊和牛的品种等。——译者注
㊄ 亚瑟·杨格（Arthur Young，1741—1820），英国农业改革者，1784 年创办《农业年鉴》。——译者注

动力从农村大规模转移到城市，从粮食生产者转变为粮食消费者，奠定了工业革命的基础。

1780年前后，倾慕英国的德意志人特尔①建立了第一所农业学院（不是"耕作"（farming）学院，而是"农业"（agriculture）学院）。在有生之年，特尔见证了该学院孕育出最早的专门聚焦于应用的新知识——李比希在植物营养学方面的工作，以及第一个基于科学的产业——化肥业。

机械工艺向技术的转化，遵循着相同的顺序和类似的时间表。无疑，自1714年英国议会决定为航海天文钟设立2万英镑巨额奖金②到惠特尼的零部件标准化，这100多年是机械发明的伟大时代，也是机械工具、原动机和工业组织的伟大时代。虽然技术培训尚未采用系统化的形式，但已在1747年法国创办的路桥学院③萌芽。组织化的编辑和出版可以追溯至狄德罗的《百科全书》，该书第一卷出版于1750年。1776年堪称人类历史上的奇迹之年：《独立宣言》、《国富论》、布莱克斯通的《评论》④以及瓦特的第一台实用蒸汽机纷纷诞生，第一所现代技术大学——德意志萨克森州弗莱贝格的矿业学院⑤建立起来。更加值得注意的是，其建立的原因是纽科门蒸汽机⑥的广泛使用，尤其是在深层采煤业中，催生了对

---

① 特尔（Albrecht Thaer，1752—1828），德意志农学家，提出腐殖质植物营养理论，代表作《农业原理》。——译者注
② 1714年，英国议会通过《经度法案》，规定凡是有办法在地球赤道上将经度确定到半度范围内的人，奖励2万英镑（约相当于2016年的266万英镑），该奖由约翰·哈里森获得。——译者注
③ 路桥学院（École des Ponts et Chaussées），1747年，路易十五下令建立，是世界上第一所工程院校。——译者注
④ 布莱克斯通的《评论》（Commentaries），系统阐述了普通法，对英国和美国的法律界与法律研究影响深远。——译者注
⑤ 弗莱贝格工业大学的前身，经核实，该校创立于1765年。——译者注
⑥ 纽科门蒸汽机（Newcomen），瓦特改良蒸汽机的前身，被广泛使用的时间达60余年。——译者注

大量受过技术培训的管理者的需求。

1794年，位于巴黎的综合理工学院创立，标志着工程师专业的形成。同样是在一代人的时间内，人们见证了物理学的重新定位——有机化学和电学开启了自身的科学进程，两者既是科学又是技术。李比希、沃勒⊖、法拉第、亨利、麦克斯韦都是伟大的科学家，他们的科学成果被发明家、设计师以及工业开发人员迅速应用。

18世纪，在主要的技术领域只有医学没有发生变革。荷兰人斯威滕[8]对此进行了尝试，他不仅是一位伟大的医生，在政治上还是哈布斯堡宫廷㋁的顾问。斯威滕试图将其老师布尔哈弗㊂1700年左右在莱顿始创的临床实践，与撰写《病理解剖学》（1761）[9]的莫尔加尼㊃及其他人发明的新科学方法结合起来，莫尔加尼的著作首次将疾病作为器官的病变而非"体液"失衡。但我们不应忘记的一个教训是，医学（倒不如准确地说是其所代表的势力）作为一个学术机构备受尊敬且组织有序，击退了进行变革的尝试。斯威滕及其支持者约瑟夫二世皇帝去世后，维也纳医学界又退回到了经院哲学。㊄

只有在法国大革命废除了所有医学院和医学协会之后，真正的改变才得以实现。其后，另一位宫廷医生，即拿破仑的医生高尔维沙㊅1820年

⊖ 沃勒（Woehler，1800—1882），德意志化学家，首创人工合成尿素。——译者注
㋁ 哈布斯堡宫廷，德鲁克此处是指位于维也纳的奥地利帝国宫廷。——译者注
㊂ 布尔哈弗（Boerhaave，1668—1738），荷兰医生，主要成就是指明了症状与病变的关系。——译者注
㊃ 莫尔加尼（Paduan Morgagni，1682—1771），意大利解剖学家，被誉为现代病理解剖学之父。——译者注
㊄ 经院哲学（scholasticism），与天主教相结合的哲学思想，代表人物为圣·托马斯·阿奎那。——译者注
㊅ 高尔维沙（Corvisart，1755—1821），法国医生，心脏病学专家，曾任拿破仑的专职医生。——译者注

前后在巴黎实现了斯威滕没能实现的目标。即便如此，1840 年前后，塞麦尔维斯㊀发现传统医疗实践对产褥热导致的大量死亡负有责任时，反对科学方法的势力依然非常强大，甚至迫使他不得不从维也纳流亡。直到 1850 年，随着巴黎、维也纳、维尔茨堡等城市现代医学院的兴起，医学才成为真正的技术和一门组织化学科。

然而，这一切的发生也不是由于科学的推动。人们首先编纂和组织从实践中获得的旧知识。继医学实践的重新定位**之后**，医学领域涌现了一批伟大的科学家（贝尔纳㊁、巴斯德、利斯特㊂、科赫㊃），并且他们都是以应用为中心，所有动力都源自他们渴望行动，而非渴望理解。

我们都知道技术革命的结果及其影响。不同于马尔萨斯㊄的观点，我们知道过去 200 年中粮食的增长速度大大超过了人口数量的爆炸性增长，150 年前人类的平均寿命依然接近其"自然寿命"——25 岁左右，即人类生理繁殖所需要的时间。如今在世界上最发达和最繁荣的地区，人均寿命几乎增加了 2 倍。此外，通过运用机械技术，发掘其潜力，同时也承担其风险，人类的生活发生了翻天覆地的变化。

多数人都知道，技术革命导致了前所未有的后果——共同的世界文明。不论各国的历史、传统、文化和价值观多么古老悠久，多么

㊀ 塞麦尔维斯（Semmelweis，1818—1865），匈牙利产科医生，证实了产褥热是由于接生人员的手或器械受到污染并传染给产妇引起的败血症。——译者注

㊁ 贝尔纳（Claude Bernard，1813—1878），法国医生，倡导用双盲实验确保科学观察的客观性。——译者注

㊂ 利斯特（Lister，1827—1912），英国外科医生，推广无菌手术，被誉为"现代外科之父"。——译者注

㊃ 科赫（Robert Koch，1843—1910），德国医生，微生物学家，1905 年获诺贝尔医学奖。——译者注

㊄ 马尔萨斯（Malthus，1766—1834），英国政治经济学家，提出"马尔萨斯人口论"。——译者注

高度发达，多么备受珍爱，都在不断受到共同的世界文明的侵蚀和破坏。

上述变迁的根本，是知识的意义和性质以及人们对待知识的态度的改变。或许，阐述这一点的另一种说法是，非西方世界难以真正接受西方科学主要是因为其需要更好地理解，那里的人们渴望得到西方科学则是因为想要获得西方技术及成果，技术需要控制而非理解。最早且最典型的案例，即为日本1867~1894年的西化过程，最终日本以现代民族国家的身份登上了世界舞台。[10]

但这意味着技术革命赋予技术一种历史上任何"有用技艺"（农业的、机械的、医学的技艺）都没有的权力——影响人们的思想。以前，有用的技艺仅仅与人们的生活、死亡、工作、娱乐、饮食、战斗的方式有关。人们如何思考，思考什么，如何看待世界及自身，人们的信念和价值观都与技艺无关，而属于宗教、哲学、艺术、科学的领域。使用技术手段影响这些领域是传统的"魔法"，如果这么做，即使不是愚蠢，也被公认为一种邪恶行为。

然而，伴随技术革命而来的，是不计后果地将应用和认知、物质和精神、手段和目的、理解和控制等融合在一起。

关于技术革命，只有一件事情是我们不知道的（但那是至关重要的）：究竟是什么原因导致人们的态度、信念和价值观发生根本转变？前文试图表明，科学进步与此几乎没有关系。但是，往前推100年，引发伟大科学革命的世界观之巨大转变对此负有多大责任？日益崛起的资本主义扮演什么角色？实行重商主义①贸易政策和产业政策的新兴中央集权民族国家，与执迷于书面的、系统的、合理的程序之官僚体制，两者各自负有什么责任？（毕竟 18 世纪时，人们编纂法典仍如同整理有用的或应用的技艺。）或者，我们如果把技术革命视为一个过程，那么其动力机制是技术吗？难道是"技术进步"积累到了突然颠倒过来的程度，自然以往对人类的"控制"（至少潜在地）变成了人类对自然的控制吗？

我主张，这应该成为通史学家和技术史学家研究的中心问题。

首先，技术革命标志着一个伟大的转折点（知识的、政治的、文化的、经济的转折）。在所有四个领域中，统治世界的体制、权力、宗教等传统的（往往是不成功的）驱动力被一种新型的高度成功的世界帝国主义取代，那就是技术的驱动力。在 100 年的时间内，到 1900 年技术革命已渗透至世界各地。

对技术史学家而言，技术革命不仅是其研究领域内的重大变革事件；也是作为一个专业领域的技术得以形成的关键点。当然，到技术革命爆发为止，技艺和工具、人工制品和机械装置已经有了漫长而令人振奋的历史，这期间既有缓慢而痛苦的进步，又有突然且迅速的普及。但只有拥有后见之明的历史学家，才会将这些归结为一个整体，即技术。对同时代的人而言，它们彼此分离，各自属于不同的领域，具有不同的应用，体现了不同的生活方式。

然而，通史学家和技术史学家都没有在技术革命议题上投入大量精

---

① 重商主义（mercantilism），16～18 世纪，强调政府通过干预和控制经济实现富国强兵的理论。——译者注

力。即使他们注意到了技术革命，也往往将技术视为科学的私生子。据我所知，唯一一位在技术及其角色和影响等方面投入时间与精力的一流通史学家（除技术和工具的敏锐鉴赏家希罗多德㊀以外）是施纳贝尔。[11] 施纳贝尔在一所技术大学（卡尔斯鲁厄㊁）讲授历史，这可能会解释他的兴趣所在。现有的技术史学家往往更愿意成为材料、工具和特定技术方面的历史专家，而非技术史学家。罕见的例外是那些非技术专家（如刘易斯·芒福德或伯林盖姆㊂），可以理解，他们更关注技术对社会和文化的影响，而非技术自身的发展和动力机制。

今天，技术之所以重要，恰恰是因为它将行动领域和认知领域、人类的知识史和自然史结合在一起。对于技术是如何走到这个中心位置的（历史上技术始终处于边缘位置），还有待进一步思考、探索和揭示。

注　释

1. E. Rosen, "The Invention of Eyeglasses," *Journal for the History of Medicine*, vol. 11 (1956), pp. 13–46, 183–218.
2. 1708 年，伟大的布尔哈弗在莱顿第一次讲授眼科学课程，并第一次实际检查眼睛，这是他众多的 "第一次" 之一，牛顿的《光学》是公认的灵感源泉，参见 George Sarton, "The History of Medicine versus the History of Art," *Bulletin of the History of Medicine*, vol. 10 (1941), pp. 123–35.
3. 19 世纪 20 年代放血疗法真正达到顶峰，当时该疗法被巴黎医学院最权威、最著名的教授布

㊀ 希罗多德（Herodotus，公元前 484 年—公元前 425 年），古希腊历史学家，被誉为"历史之父"。——译者注

㊁ 卡尔斯鲁厄（Karlsruhe），德国城市，属巴登 - 符腾堡州。——译者注

㊂ 罗杰·伯林盖姆（Roger Burlingame，1889—1967），美国作家，多数著作涉及美国的科学、战争、工业化、大工业生产等主题，代表作《人与机械》。——译者注

鲁赛（Broussais）当作万能疗法。根据西格里斯特（Henry E. Sigrist）（参见 *Great Doctors*；London: Allen and Unwin，1933）的说法，该疗法在1827年异常流行，导致法国该年进口了3300万只蚂蟥。

4. 不可否认，存在一种重要的不同观点，认为存在一种重要且高效的实现科学的方法，并作为做事的手段和技术的基础。该观点以圣·文德、13世纪的交替圣歌创作者、圣·托马斯·阿奎那为代表（其中以圣·文德的《所有艺术皆归于神学》最为典型）。再往前推100年，该不同观点实际上在12世纪的柏拉图主义者中占据了主导地位，其中包括圣维克托瓦尔和沙特尔的神学家－技术专家流派、宏伟主教座堂的神秘建筑师。关于这一点参见 Charles Homer Haskins, *The Renaissance of the Twelfth Century* (Cambridge, Mass.: Harvard University Press, 1927); Otto von Simson, *The Gothic Cathedral* (London: Routledge and Kegan Paul, 1956); and *Abbot Suger on the Abbey Church of St.-Denis and its Art Treasures*, edited by Erwin Panofsky (Princeton, 1946)。

当然，异议者并不认为知识的目的是物质技术；理性知识是认识上帝的手段或至少是赞颂上帝的手段。但知识的目的一旦成为应用，就会迅速聚焦于物质技术和纯粹的世俗目标——就像圣·贝尔纳早在1127年对"技术统治论"的著名抨击中指出的那样。

异议从未完全消失。但在13世纪亚里士多德主义者逐渐取得胜利之后，该观点不再受到尊敬，更不可能占据主流地位，这种状况一直持续到19世纪早期浪漫主义自然哲学的兴起，其发展已经是技术革命之后很久的事了，并且实际上成为其第一个（迄今也是唯一一个）文学方面的后代。众所周知，在浪漫主义（诺瓦利斯是其中最伟大的诗人，谢林是其正式的哲学家）和第一个主要学科有机化学（该学科自创立起就既是科学又是技术）之间存在最密切的联系。鲜为人知的是，浪漫主义运动中的代表作家、哲学家和政治家大部分出身于第一所技术大学——1776年成立的位于德意志萨克森州弗莱贝格的矿业学院。

5. J. Carswell, *The South Sea Bubble* (London: Cresset Press, 1960)。

6. G. E. Fussell, *The Farmer's Tools, 1500–1900* (London, 1952); A. J. Bourde, *The Influence of England on the French Agronomes* (Cambridge, 1953); A. Demolon, *L'Évolution Scientifique et l'Agriculture Française* (Paris, 1946); R. Krzymowski, *Geschichte der deutschen Landwirtschaft* (Stuttgart, 1939)。

7. A. P. Usher, *History of Mechanical Inventions* (Rev. Ed., Cambridge, Mass., 1954); 同一作者的"Machines & Mechanisms" in Vol. III of Singer, *et al., A History of Technology* (Oxford, 1957); J. W. Roe, *English and American Tool Builders* (London, 1916); K. R. Gilbreth, "Machine Tools," in *History of Technology*, Vol. IV (Oxford, 1958); 关于早期技术教育参见：Franz Schnabel,

Die Anfaenge des Technischen Hoch-schulwesens (Freiburg, 1925)。

8. 斯威滕（Gerhard van Swieten，1700—1772）的标准传记是米勒（W. Mueller）的《斯威滕》（Vienna：1883 年）；关于学术医学对科学方法的有组织抵制，参见：G. Strakosch-Grassmann, *Geschichte des oesterrei-chischen Unterrichtswesens* (Vienna, 1905)。

9. 这是简写的常用名，其实际名称是《疾病的位置与病因》，首部英译本出版于1769年，题目为：*The Seats and Causes of Diseases Investigated by Anatomy*。

10. 对此介绍最清楚的是 William Lockwood, *The Economic Development of Japan, 1868–1938* (Princeton: University Press, 1954)。

11. Franz Schnabel, *Deutsche Geschichte im 19. Jahrhundert* (4 vols., Freiburg i. B., 1929–1937)；关于技术和医学的讨论集中于第三卷。

CHAPTER 12 | 第 12 章

管理能成为科学吗㊀

不久前,某管理协会邀请我做一场题为"企业计划中的管理科学"的演讲,借此机会我做了一直想做的事情:浏览过去四五年内管理科学领域的文献,涵盖运筹学、统计理论与统计决策、系统论、控制论、数据处理、信息理论、计量经济学、管理会计、会计理论等;此外,我还非常仔细地调查了管理科学(要么由企业内部人员从事,要么由外部顾问开展)在大量企业中的所作所为。

我相信,在阅读上述文献和实际调查之后,任何人都会感到管理科学的潜力巨大、前途无限。诚然,在某种程度上管理将始终是艺术,管理者的天赋、经验、愿景、勇气、品格将永远是个人绩效和企业绩效的

㊀ 1958 年 9 月在哈佛商学院成立 50 周年纪念会议上的发言。

重要因素。但医学和医生同样如此,而且对于医学而言,组织有序的系统化知识和系统化探索的基础更扎实。一门真正的管理和具有企业家精神的学科的根基越深厚,管理和管理者(尤其是最有天赋且成就最卓著的管理者)就会越卓有成效。管理科学的实践已经证明,管理有可能成为这样一门学科。

但同时我也相信,任何人在实际调查之后都会深感忧虑。管理科学的巨大潜力存在被浪费的危险。管理科学没有用来为管理者和企业家提供知识、概念和学科,而是为效率专家开发包含多种技术的管理工具箱。

当今管理科学的大量工作都用来改进从事某项技术职能的现有工具,包括质量控制、库存控制、仓库区位、货车调配、机械装载、维护计划、订单处理等。并且实际上大量工作只不过是工业工程、成本会计、流程分析的改造升级。虽然管理科学家不是非常重视其中某些工作,但他们已经致力于分析和改进制造职能,在某种程度上也致力于市场营销和资金管理职能。

然而,很少有管理科学家的工作以及系统化思考会强调企业整体的管理,包括风险的产生、承担风险以及决策工作等。实际上,我只能找到两个案例,分别是:麻省理工学院的工业动态规划项目[1]、通用电气公司某些部门开展的作业研究和综合工作。无论是在专业文献还是实际工作中,所有管理科学家强调的几乎都是技术而不是原则,是机制而不是决策,是工具而不是成果,最重要的是强调局部效率而不是整体绩效。

然而,所有管理科学家都应秉持一个基本理念:工商企业是一种高度秩序的**系统**,由自愿为共同事业贡献知识、技能和辛劳的人组成。[2] 导弹控制类机械系统、花草树木类生物系统、工商企业类社会系统等所有真正的系统，都有一个共同特征——相互依存。如果某个功能或局部得以改进或提高效率，不一定会改善整个系统的状况，反而可能破坏甚至摧毁整个系统。在某些情况下，巩固系统的最佳方法可能是**弱化**某一部分，也就是使其变得不那么精确或降低效率。因为在任何系统中，重要的是整体绩效，而整体绩效源自成长、动态平衡、调整以及整合，而不仅仅是技术效率。

管理科学家往往片面强调局部效率，必然会对整体造成损害，必定会以整体绩效和繁荣为代价来提高工具的精确性。企业是一个社会系统而不是机械系统，片面强调局部效率带来的损害更大，因为其他的局部（人员）并非毫无反应，他们要么把失调扩散到整个系统范围，要么组织起来搞破坏。

这不仅是一种假想的危险，相关文献中列举了大量案例。例如，库存控制改善了生产经营状况，降低了周转资金，但没有考虑到消费者对交货的期望和企业面临的市场风险；机械装载计划忽视了一个部门的运营对其他部门造成的冲击；相关预测假设企业的竞争对手将止步不前等。

从技术角度看，这些工作都非常卓越，但其中也蕴含着危险。相比于从事技术性或职能性工作的旧工具（试错工具或切削工具），新工具要强大得多，因此如果使用不当或粗心大意，必将造成更大的伤害。

所以，管理科学成为工具箱不仅意味着错失机会，还意味着丧失做出贡献的全部潜力，甚至可能沦落为伤害组织的负面因素。

有人接着会问：管理科学不可避免会成为工具箱吗？这是管理科学当前所做或未能做之事带来的后果吗？为我们提供知识和方法论的真正管理科学的要求是什么？

或许第一条线索就在于"管理科学"的起源。无疑，管理科学的起源非常独特。

其他任何一门人文学科都始于大致界定自身的主题，继而人们会着手认真研究其概念和工具。管理科学却始于应用众多其他学科为自身特定目的开发的概念和工具。这可能始于令人兴奋的发现：迄今用来研究物理领域的某些数学技术工具，也能用于研究企业经营。

因此，管理科学领域大量工作的焦点并没有放在诸如"工商企业是什么，管理是什么，两者从事什么，需要什么"等问题上，相反，往往聚焦于"能在哪里应用这套令人炫目的花招儿"。打个比方，管理科学工作的重点始终是锤子，而不是钉钉子，更不是造房子。运筹学文献中存在大量诸如"线性规划的155个应用"之类的论文，但我从未看到任何"典型商机及其特征"之类的研究成果。

这表明管理科学家对"科学的"含义存在严重误解。管理科学家往往天真地认为"科学的"是"量化"的同义词，但实际上截然相反。若果真"科学的"等同于量化，那么占星术⊖将成为科学的女王，实际上占星术甚至没有采用任何"科学方法"。尽管占星术士夜观天象，从现象中归纳出假设，然后通过进一步系统化观察来检验假设，但占星术绝不是科学，而是迷信。因为占星术幼稚地假设存在实实在在的黄道十二宫，其中确实存在星座，并且它们与鱼或狮子等地球生物在想象中的相似性决定了其性格和特性。然而，所有这些都不过是古代航海家发明的导航工具。

⊖ 占星术（astrology），是用天体的运动和相对位置来占卜人事及地表事件的一套理论，标榜能解释不同人格并预测人生中的重大事件，现如今已被公认为是伪科学。——译者注

换句话说,"科学的"前提是对科学领域(即被认为是真实的且有意义的现象)的理性界定,并提出恰当、全面、前后一贯的基本假设或基本条件公式。在应用科学方法之前,必须首先划定一个科学领域的范围,确定其基本假设。如果不这样做或者做错,那么科学方法就不能得到应用;如果这样做或者做对,那么科学方法就会变得适用,且确实会非常有效。

当然,该观点并不新颖,可以追溯至亚里士多德在《后分析篇》[一]中对普遍有效的前提和属于某一特定学科的前提的区分。19世纪,该原则的重新发现有赖于现代科学及其方法的力量。[3]

管理科学必须要界定自身的领域。如果做到这一点,那么迄今所做的全部工作都将富有成果,起码能够成为重大成就的准备和训练。因此,如果管理科学要做出贡献而不是对管理者造成误导,首要任务就是界定自身主题的具体性质,可能包括对下述理念的基本界定:工商企业是由人组成的系统。因此,对于管理科学家而言,假设、意见、目标、人(尤其是管理者)会犯错都是基本**事实**。任何有效的管理科学工作都必须始于对这些方面进行分析和研究。

在认识到需要研究的主题之后,接下来管理科学必须构建基本假设,否则任何科学都无法开发合适的工具。这可能首先需要注意到下述关键事实:所有工商企业都在特定的经济社会环境中生存;甚至最强大的企业也是环境的仆人,环境能够轻易将其淘汰;但即使最弱小的企业也不仅仅被动地适应环境,而是会影响并塑造经济社会环境。换句话说,企

[一] 《后分析篇》,亚里士多德《工具论》中的一篇文章,阐述论证、定义、科学知识等。——译者注

业生存于极其复杂的经济社会生态环境中。

基本假设可能具体包括下列几点。

（1）工商企业生产的既不是物品也不是思想，而是人为确定的价值。如果对消费者而言没有效用，哪怕设计最精美的机器也仍然只是一堆废铁罢了。

（2）在工商企业中，衡量方法极为复杂，虽说不上是形而上，但也像货币一样是象征符号——既是高度抽象的，又是非常具体的。

（3）经济活动必然会承诺把现有资源用于不可知、不确定的未来。换言之，经济活动是一种对期望而非事实的承诺。因此，风险是经济活动的本质，企业的基本职能就在于创造风险、承担风险。风险不仅由总经理承担，而且由为整个组织贡献知识的每位管理者和专业人员承担。并且这种风险完全不同于统计学的概率风险，而是独特事件的风险，也是对既有模式不可逆转的质的突破。

（4）工商企业的内外部一直在发生不可逆转的变革。实际上，企业是工业社会变革的推动者，必须既能够有目的地进化以适应新环境，又能够有目的地创新以改造旧环境。

管理科学著作的序言中时常提到部分上述观点，然而，这些观点往往只是停留在序言中。管理科学要增强人们对企业的认可，甚至进而使自身成为一门"科学"，上述基本假设应该成为其工作的基础。当然，尽管量化在一门学科的发展中往往出现得比较晚，例如，直到现在科学家才能够在生物学中实现真正的量化，但我们仍旧需要量化。我们需要科学的方法，需要在特定领域和操作方面进行努力，展开细致入微、一丝不苟的工作。但最重要的是，我们需要认识到工商企业的特殊性质，以及对其开展研究所需的独特假设。管理科学必须立足于这些假设。

因此，管理科学要成为科学，第一项要求是充分尊重自身作为一门独特的、真正的学科之地位。

关于管理科学未被充分使用或被误用的原因，或许第二条线索就在于其全部工作始终强调"风险最小化"，甚至把"消除风险"作为自身工作的目标和终极目的。

试图消除工商企业面临的风险，必然会徒劳无功。承诺把现有资源用于未来，与生俱来会遭遇风险。实际上，经济进步从某种意义上说，就是具备了承担更大风险的能力。试图消除风险，或者试图把风险最小化，只会使风险变得不合理且难以承受，导致最大的风险，即组织僵化。

管理科学的主要目标必须是使企业有能力承担适当的风险，实际上是**更大的**风险。实现该目标的方式是：提供关于替代风险、替代预期的相关知识和理解；确定取得预期成果所需的资源和努力，调动资源做出最大的贡献；根据预期衡量成果，从而提供及早纠正错误或不当决策的手段。

所有这些听起来似乎只是术语上的咬文嚼字。然而，管理科学文献中"风险最小化"的论调确实导致了对创造风险和承担风险（也就是对工商企业）的强烈敌意。这在很大程度上重复了一代人之前的技术统治论者[一]的观点，意欲使得企业经营从属于技术，似乎把经济活动视为物质发挥决定作用的领域，而不是主张并行使负责任的自由和决策的领域。

[一] 技术统治论者（technocrat），坚持技术统治论观点的人，在 20 世纪 30 年代影响力最大，倡导掌握专业知识的技术专家和工程师担任决策者，与主张民选代表成为主要决策者的观念形成对比。——译者注

这要比错误更加糟糕。这是不尊重管理科学的研究主题，任何科学都无法承受这种情况，任何科学家都不能在这种情形下有效开展工作。即使是那些优秀且严谨之人（管理科学界不乏这类人）从事的最卓越、最严肃的工作，也注定会受到波及。

因此，管理科学要成为科学，第二项要求是严肃对待自身的研究主题。

如果我们并不亟须一门关于企业家精神和企业管理的真正学科，就没有理由担忧管理科学的发展趋势。

我们需要系统性地提供：企业在日益复杂且迅速变迁的技术、经济和社会环境中做出风险型决策所需的条理清晰的知识；测量预期和成果的工具；在众多职能人员和专业人员（他们人人都掌握独特的知识，拥有自身的逻辑和语言）之间缔造共同愿景和沟通的有效手段。要做出正确的企业决策，并使其得到落实进而产生成果，需要所有人员共同努力。我们需要大量拥有管理视野和管理能力之人，而非依赖少数"天才"；一门学科的概念和概括性原理真正能够被传授且能够被学习。即便仅仅因为这两点，我们也需要一些可以学习且能够传授的知识。

我们知道，这些都是迫切的需要。事实上，自由企业制度的前途可能取决于我们是否有能力更加理性地做出重大的管理决策和企业家决策，是否能让更多人有能力做出并理解这些决策。

如果管理科学没有显现出满足我们需求的巨大潜力，那么我们就没有理由在这里予以关注。当然，管理科学仍处于起步阶段。在至关重要的领域，获得真正的知识和理解可能需要数十年时间——实际上有可能永远都达不到该目标。但已经完成的工作令人振奋，效果非常突出，并且从事相关工作的人才能力出众，具有无私的奉献精神。

然而，如果管理科学甘愿堕落为管理工具箱，那么所有这一切都将化为乌有。除非管理科学学会尊重自身的学科地位和研究主题，否则机会就会丧失，需求就会得不到满足，希望就会破灭。

注　释

1. 参见 Jay W. Forrester, "Industrial Dynamics: A Major Breakthrough for Decision Makers," *Harvard Business Review*, July–August 1958, p. 37。
2. Kenneth E. Boulding, "General Systems Theory," *Management Science*, April 1956, p. 197.
3. 有关现代立场的陈述，参见 Howard Eves and Carroll V. Newsom, *An Introduction to Foundations and Fundamental Concepts of Mathematics* (New York: Holt Rinehart, 1958), pp. 29–30。